► Du même auteur aux Editions Dylic
- Sois ta propre aventure
- Le vrai Dieu
- Contrasts
- Eternity of the ephemeral
- 21st century New Yorkers
- My New York city
- Mon Paris
- Walls of New York
- Celestial enchantment
- Watch this!
- Newyorkonirik
- Je viens vous tuer
- Bonjour papa!
- Ame d'enfant
- L'apparition d'Aphrodite
- Poussières d'infini
- L'Evénement le plus important depuis la création du monde
► Aux Editions du Crec
- Métapolis
- Nous changerons le monde en respectant nos enfants
- De la démocratie du troisième millénaire
- L'Individu du XXI° siècle, le grand prédateur de la démocratie?
- Centrisme, humanisme du juste équilibre
- De l'obamania à l'obamisme
- Le centrisme américain
- Le juste équilibre
- Le centre et le centrisme, de la Révolution à Macron
- Sans information citoyenne pas de vraie démocratie
- Etre centriste
► Aux Editions Syros
- Le capitalisme vert
- Santé et économie
- La distribution
- Les idées reçues en économie
- La construction européenne (supervision)
► Aux Editions La Découverte
- Etat de la France (collaboration)
- Dix ans d'état du monde (collaboration)
► Aux Editions Pétrelle
- Les fonds de pension Européen (supervision)

Alexandre Vatimbella

Inspirations d'un promeneur

Je n'ai eu que deux passions dans ma vie:

l'Amour et la Liberté

La personne qui ne marche pas, ne pense pas.

La marche à pied est la plus grande liberté physique que nous possédons. Elle nous permet d'aller où bon nous semble, à notre rythme. Nous pouvons nous arrêter quand nous voulons, changer de direction ou rebrousser chemin. Seule la marche à pied nous permet de voyager tout en découvrant vraiment le monde que l'on traverse. La marche à pied, par son rythme, sa durée, sa «paisibilité», permet également de réfléchir sur la vie et notre propre existence.

Avant Propos

S'il existe des lecteurs pour ce livre et qui, en plus, ont lu d'autres de mes écrits, ils pourraient être surpris par la teneur de certaines des affirmations et des thèses défendues ici. Ils pourraient même y trouver ce que l'on pourrait appeler les «inconséquences nietzschéenne» voire les «contradictions rousseauistes» ou ce que d'autres caractérisent avec moins de prudence «le tout et n'importe quoi» du Genevois qui a dit et écrit tout et son contraire ce qui permet, quel que soit vos opinions, de toujours faire sienne une citation extraite de son œuvre…

Je me prépare donc à cette critique mais avec une certaine sérénité!

Non pas que je fais fi de cette possible critique mais il me semble que nous ne sommes pas toujours aussi linéaires que certaines thèses que nous semblons défendre avec force sans pour autant être dans le paradoxe. Je m'explique. On peut défendre, par exemple, un système politique en estimant qu'il est le meilleur qui puisse réellement fonctionner. Mais l'on peut garder au fond de soi et l'écrire ce système que l'on aimerait voir se mettre en place si les humains étaient, non pas quelque chose d'autre, mais un peu plus sages...

De même, on peut reconnaître que des thèses opposées peuvent avoir chacune des «vérités» et n'en écarter aucune totalement et s'en référer dans ce qui pourrait ressembler à un complet paradoxe. Ainsi, j'ai été très influencé par les mouvements de contestation de la société des années 1960 mais je reste persuadé que certaines critiques faites alors par ces mouvements ne sont pas légitimes, voire que deux thèses opposées ont leurs légitimités respectives.

Prenons l'exemple, la guerre du Vietnam, terrible événement qui toucha, d'abord, deux populations autochtones mais aussi la première démocratie mondiale qui repris le flambeau de la France coloniale. On peut, par rapport aux Etats-Unis, être à la fois contre cette guerre en tant qu'humaniste, pacifiste et défenseur d'une jeunesse qui ne comprenait pas pourquoi elle devait seule en payer le prix mais aussi en tant que réaliste, reconnaître la nécessité d'empêcher une idéologie et un régime totalitaires de progresser dans le monde au moment où la Guerre froide faisait rage sans que l'on sache qui l'emporterait in fine dans le monde. La crise des «boat people» qui jeta sur les mers des vietnamiens voulant échapper à la cruauté des vainqueurs communistes montre bien que ce conflit n'avait rien de binaire avec les bons contre les méchants comme chaque côté a tenté de nous le faire accroire.

De ce point de vue, je ne peux accepter les critiques autant inacceptables que mensongères qui ont frappé un des plus grands présidents des Etats-Unis, Lyndon Johnson, dont l'œuvre, à la fois, pour les droits civiques, le droit de vote et la pauvreté sont admirables et que sa volonté de ne pas permettre au communisme de gagner de nouveaux territoires et un épisode de la guerre psychologique que les leaders du bloc soviétique menait contre les démocraties occidentales, peut se comprendre même si l'intervention américaine au Vietnam mérite beaucoup de critiques, tant sur la forme que sur le fond.

Dès lors j'assume les contradictions et les paradoxes parce que l'on peut, d'une part, être dans l'espérance tout en sachant que celle-ci est une sorte de lumière au loin à atteindre et que l'on ne veut pas éteindre aussi lointaine qu'elle se tienne, et, d'autre part, parce que nous avons tous nos doutes et donc que nous pouvons parfois penser une chose et son contraire (avec l'espoir que ce sera la meilleure qui triomphera!). Ainsi, on peut se dire, à certains moments, que les humains sont bons et à d'autres qu'ils sont mauvais tout en espérant, in fine, que c'est bien leur bonté qui peut supplanter leur méchanceté.

Le premier texte de cet ouvrage va dans ce sens avec ces trois messages qui formeraient l'humanisme intégral et indépassable s'ils pouvaient être mis en place. Et si cela me semble difficile, je ne veux pas penser que ce soit définitivement impossible. Voilà sans doute le fond de mes «contradictions rousseauistes». Je précise, toutefois, que beaucoup d'autres textes de cet ouvrage n'ont pas leur pendant contraire ailleurs. Ils sont des réflexions sur des choses sur lesquelles j'ai un jour écrit par cette curiosité de l'humain qui égaye notre existence terrestre. Curiosité qui fait que je suis devenu journaliste même si l'on ne retrouve pas ici des textes publiés dans les divers médias pour lesquels j'ai travaillé. Enfin, pour avoir des vues plus précises de ma vision du monde, je renvoie les éventuels lecteurs de cet ouvrage aux autres que j'ai commis.

Enfin, concernant le titre, nombre de mes pensées que j'ai ensuite couchées sur le papier ou tapées sur le clavier de mon ordinateur, me sont venues au cours de mes promenades car je suis, comme d'autres, inspirés par ces marches à pied que je considère comme l'expression la plus forte de notre liberté. Nous pouvons ainsi marcher comme on veut, nous arrêter quand nous voulons, changer de destination ou de direction, accélérer ou ralentir nos pas comme nous le désirons. C'est sans doute cette liberté qui permet à notre esprit, lui aussi en toute liberté, de (re)faire le monde parfois avec des fulgurances qui nous enchantent.

13

notre esprit, lui aussi en toute liberté, de (re)faire le monde parfois avec des fulgurances qui nous enchantent.

De l'humanisme intégral

Les Trois Messages

Qu'est-ce que voulaient les premiers adeptes du message de Jésus? Que désiraient les premiers militants anarchistes libertaires ? Que souhaitaient tous ces jeunes qui se reconnurent dans le monde hippy ? Ils voulaient de l'amour et de la fraternité. Ils voulaient un monde de respect, de tolérance et de solidarité, un monde de dignité pour des êtres humains égaux entre eux.

Révoltés et créateurs de contre-cultures, ennemis d'un ordre du plus fort et amoureux de l'humanité, tels sont ceux qui se sont approprié les messages de Jésus, de l'anarchisme libertaire, du mouvement hippy. Ces messages qui comportent, bien entendu, des lacunes (ah! si Jésus avait pu également être celui par qui la liberté sexuelle s'exprime, son message aurait été parfait) et des dérives insupportables (certaines tendances pédophiles chez les hippies ou intolérantes chez les libertaires), sont avant tout des messages d'Amour où prédominent le respect, la tolérance et la solidarité pour offrir cette reconnaissance de chacun et de sa dignité, de sa différence ontologique, de son individualité irréductible dans une communauté d'égaux.

Trois messages de liberté. De l'âme, pour le message de Jésus; de l'être social pour l'anarchisme libertaire; du corps et de la sexualité pour le mouvement hippy. Trois humanismes qui se rencontrent, se complètent, se brassent, se confondent, se font écho et qui, réunis, deviennent l'humanisme indépassable.

Et, c'est là que se trouve une grande partie de la source de ma pensée et que je conçois Dieu, celui de l'Amour indépassable.

Il y a une évidente parenté entre l'amour jésuen (terme que je préfère à celui de chrétien), la liberté libertaire et la fraternité hippy, c'est qu'elles ne conçoivent les humains que comme des êtres égaux dans leur individualité propre à chacun d'eux.

Bien entendu je ne suis pas naïf ou dupe. Je sais dans quel monde nous vivons, je sais toutes les récupérations honteuses de ces messages, je sais tous leurs manquements et leurs contradictions internes, toutes leurs ambiguïtés. Mais, dans leur fondement, ils sont la quintessence de l'humanisme tel que nous devrions le concevoir et, surtout, le pratiquer.

Arrêtons de fustiger les valeurs humanistes, combattons leurs déviances

Il est bon ton d'attaquer la liberté, l'égalité et l'individualisme en tant qu'ils produiraient des dérèglements grave qui menaceraient le vivre ensemble. De son côté, la solidarité ne serait qu'un moyen pour tous les ratés de la société de vivre à ses crochets. Quant à la tolérance, elle ne serait qu'une notion permettant à toutes les minorités de phagocyter la démocratie à leurs désidératas.

Le consensus, lui, serait ce qui permet à une classe politique de faire des accords politiciens sur le dos des électeurs. Même le respect est paré d'une volonté de contrôle social (et l'on voit nombre de populistes affirmer que l'insulte et les attaques personnelles sont justifiées dans le débat politique). Et ce ne sont pas seulement les populistes et les extrémistes qui s'en donnent à cœur joie en la matière. Beaucoup de gens de droite, de gauche et du centre font de même.

Mais tous se trompent – ou font semblant de le faire – en montrant du doigt des valeurs alors que ce sont leurs déviances qui causent les maux. Ce n'est pas la liberté qui est rapace mais la licence que réclame de plus en plus un moi surdimensionné qui n'a plus de repères et de limites. Ce n'est pas l'égalité qui est totalitaire mais l'égalitarisme qui empêche l'individualité de chacun, les différences ontologiques et les capacités de s'exprimer pleinement. Ce n'est pas l'individualisme qui est mortifère mais l'autonomie atomiste qui permet à un individu de demander toujours plus pour lui, de ne pas respecter les autres et de nier le vivre ensemble à son unique profit.

Ce n'est pas la solidarité qui crée des comportements d'assistés mais bien un assistanat de voie de garage qui, au lieu, de sortir les gens de leur condition précaire, ne leur offre aucune autre alternative que de demeurer dans les difficultés. Ce n'est pas la tolérance qui est destructrice du lien social mais la légitimation de revendications outrancières de la part de groupes sociaux, ethniques et autres. Ce n'est pas le consensus – qui aboutit au compromis éminemment démocratique – mais la compromission issue d'un renoncement à ses idées et ses valeurs qui dévoient la démocratie républicaine. Ce n'est pas le respect qui borne l'individu mais bien le rapport de force que certains tentent d'instituer à leur profit pour être plus respectés que les autres en exigeant, parfois par la violence, la déférence et la révérence par la crainte.

Je ne le redirai jamais assez, les mots ont une signification et on se doit de les utiliser correctement comme le rappelait sans cesse Confucius.

Dévoyer le sens des mots permet de leur faire dire ce que l'on veut, de pouvoir les critiquer de manière mensongère et de tromper les individus et d'abuser les peuples. A côté des fausses informations, des faits alternatifs, de la propagande et autres techniques, l'imposture mystificatrice du triturage des définitions de concepts aussi importants que ceux de liberté, d'égalité, de solidarité, de tolérance ou de respect est au moins aussi condamnable si ce n'est plus.

Une société de la responsabilité (qui serait en réalité pour ses détracteurs un moyen de contrôle social sur le peuple et une manière de lui dénier son pouvoir!) doit constamment se confronter à cet exercice de vérité. Car ce n'est jamais la responsabilité qui est l'ennemi du peuple mais bien le confinement dans une sorte de minorité démocratique d'une partie de la population, minorité que d'ailleurs une partie d'entre elle revendique pour s'auto-absoudre de toute obligation et devoir envers l'autre et la communauté.

Dans ce combat, les humanistes doivent toujours être à sa pointe parce qu'il est profondément humaniste et que l'objectif est bien l'avènement d'une personne libre et responsable, respectueuse et respectée, capable de vivre son projet de vie tout en étant, comme toutes les autres personnes, le fondement d'une communauté équilibrée où la dignité humaine est le socle du bien vivre ensemble.

De l'humain

Arrêtons de tenter le diable
avant que sa queue nous fracasse

Petite devinette: quelle est la différence entre Dieu et un humain? Dieu, lui, il sait qu'il n'est pas un humain. Camus disait, dans «L'Homme Révolté», «pour être homme, refuser d'être Dieu». Oui, nous savons que les espèces peuvent disparaître et que les civilisations peuvent s'effondrer suite à un phénomène naturel catastrophique mais aussi à cause de nous, les humains, de notre stupidité et de notre inconséquence, surtout de notre hubris.

Oui, nous savons que nous ne pouvons pas régler tous les problèmes et nous continuons d'affirmer, devant les menaces qui s'amoncellent que nous trouverons bien, au dernier moment, une solution grâce à notre génie. Oui, nous savons que notre liberté est fragile et que la démocratie, système qui assure la plus grande dignité à ses membres peut être détruite, non seulement, pas ses ennemis extérieurs mais aussi et plus sûrement par ses ennemis intérieurs et nous continuons à leur tendre nos deux joues en espérant que les peuples dans leur grande sagesse qu'ils n'ont en réalité jamais eue, repousseront l'hydre avant qu'elle ne frappe.

Si nous étions Dieu, si c'était le cas, il n'y aurait plus de maladies, plus de catastrophes naturelles, plus de pauvreté et que de l'amour… Nous pouvons, certes, croire à notre omnipotence mais la croyance n'a jamais eu le dessus sur le réel. Il suffit d'ouvrir les yeux!

Alors soyons responsables de ce nous sommes, de ce que nous avons fait mais aussi de ce que nous pouvons devenir et de ce que nous pouvons faire. Agissons en humains comme nous le demande Camus. Ce n'est que de cette façon que nous pourrons rechercher le meilleur et éviter le pire, que nous construirons sans détruire.

Bien sûr, les idées et les objets seront toujours ce que nous en faisons. Les utopies sur le meilleur des mondes peuvent devenir les pires sociétés cauchemardesques sur terre. Une arme peut nous protéger d'agresseurs mais nous permet d'agresser. Les réseaux sociaux peuvent nous rapprocher et nous émanciper comme ils peuvent nous éloigner et nous mentir. Ayant dit cela, nous ne pouvons nous abriter derrière cette «neutralité» de nos créations humaines parce que nous savons aussi ce qu'est l'humain et ses comportements «déviants», individuellement et collectivement.

Dire que le pouvoir n'est toxique que dans son utilisation de chefs pervers et odieux est vrai. Mais ne pas mettre en place un système qui empêche de tels personnages de prendre ce pouvoir, démocratiquement ou non, est totalement irresponsable et inexcusable. Dire qu'un fusil automatique qui peut tirer des centaines de coups à la minute n'est dangereux que dans les mains d'un fou est juste. Mais nier le fait de savoir que ce sera évidemment le cas si on le vend à tout le monde sans aucun contrôle des acheteurs est une manière scandaleuse de nier sa responsabilité. Même chose pour des réseaux sociaux dont on savait pertinemment dès leur création qu'ils charrieraient le pire à côté du meilleur, voire que le pire prendrait rapidement le dessus si l'on ne régulait pas leur utilisation.

En refusant de prendre les décisions, en refusant d'être responsables, en croyant que tout trouvera une solution, la bonne évidemment, nous sommes un mélange détonant d'irresponsables à l'hubris démesuré et parfois remplis de suffisance nous rendant d'une niaiserie gigantesque et qui, naturellement, tentent le diable... C'est ce que nous faisons actuellement en matière de climat et d'atteintes à l'environnement en fermant les yeux tout en se persuadant qu'il y aura quelques inventeurs de génie et quelques leaders éclairés qui nous sortirons de l'ornière avant que nous disparaissions.

De même, dans nos démocraties républicaines, l'idée que ses ennemis ne sont pas assez puissants pour la détruire ou que les postures de certains ne sont que du cinéma et qu'in fine, le peuple, dans son absolue sagesse (qui n'est en réalité qu'un absolu manque de sagesse!), se réveillera à temps, est en train de tuer le seul système politique qui garantit le plus de liberté à tous.

Et, ici, le diable n'est pas dans les détails mais dans notre propension à n'être que des spectateurs désengagés des catastrophes qui, patiemment, attendent leur heure pour déferler, se moquant bien des maigres lignes Maginot que nous croyons imprenables. Certains diront que je me complais dans le catastrophisme. Ils le disaient déjà, pour d'autres, à propos de ceux qui alertaient sur le nazisme, le fascisme, le communisme avant que ces idéologies ne s'implantent dans plusieurs pays. Ils le disaient de ceux qui alertaient sur les dangers des CFC responsables de la disparition de la couche d'ozone ou sur les dangers de l'amiante qui a causé tant de cancers. Ces lanceurs d'alerte, souvent vilipendés et mis au ban de la société, espéraient bien se tromper comme beaucoup de leurs congénères d'aujourd'hui l'espèrent dont moi-même.

Et n'oublions pas que, comme Sisyphe condamné par les dieux, nous devons, ainsi que nous le conseillait Boileau, sans cesse remettre sur le métier notre ouvrage sans penser que les choses sont données pour toujours même quand on croit les avoir réglées définitivement. Qui, dans l'exaltation de la victoire de 1945 sur les totalitarismes, pouvait penser que les partis pro-nazis reviendraient sur le devant de la scène dans nombre de pays du monde? Et tout cela, il n'y a que 73 ans, moins que notre espérance de vie…

De l'Amour

L'Amour, valeur ultime

- L'amour est l'alpha et l'oméga, le point de départ et d'arrivée, le moyen et le but, la cause et l'effet. De même l'amour se nourrit de l'Amour et l'Amour se nourrit de l'amour.

- A l'inverse du bonheur qui n'est que moments, l'Amour peut exister constamment.

- L'Amour est la valeur qui permet aux hommes et aux femmes de traverser, le mieux possible, la vie, individuellement et collectivement.

- L'Amour est une expérience qui permet l'élévation de l'être humain, qui lui permet de se mettre en harmonie avec son âme, ou plutôt de laisser son âme être le véritable moteur de son être. Cette expérience est la plus gratifiante pour l'être humain car elle ressort véritablement de son essence.

- L'Amour procède de cet indéfinissable besoin de l'autre, de cette envie de faire le bien et de vivre le beau avec l'autre, de lui donner, pour la satisfaction des deux parties, les plus belles et les meilleures choses que l'on possède. L'Amour est donc aussi ce sentiment qui initie la générosité.

- Amour et unité au sens du banquet de Platon, de la définition donnée par Aristophane. Cette vision est dans le droit fil de l'affirmation selon laquelle l'Amour est le lien, celui qui permet de trouver la meilleure harmonie possible.

- Est-ce que l'on peut trop aimer? Non, car lorsque l'on aime «trop», on n'aime plus et donc on n'aime pas.

- L'homme et la femme sont, par définition, des êtres sociaux. Ils le deviennent, de plus en plus, au fur et à mesure que nos sociétés gagnent en complexité. Dès lors, ils ne peuvent vivre sans rapport avec l'autre, avec les autres, puisque nous nous définissons, pour une part, dans l'altérité. Dans ce cadre, dans le cadre de leur vie en société, seule l'Amour est une valeur fondamentale.

- Toute axiologie, menée rigoureusement, ne peut qu'aboutir à démontrer que la valeur suprême d'une société considérée comme telle ne peut être que l'Amour (une société étant la somme des rapports humains, de tous les rapports humains qui s'organisent en son sein).

- La seule et unique valeur, que tous les hommes et toutes les femmes peuvent partager, tous ensemble et dans toutes les régions du monde, est l'Amour. C'est la seule valeur qui puisse transcender les différences entre les hommes et les femmes du monde entier. C'est la seule valeur qui puisse unifier les différentes cultures dans un même projet de société.

- Seul l'Amour donne du sens à l'existence.

- Seul l'Amour donne du sens humaniste, en révélant la seule forme harmonieuse d'organisation de la vie en société, où l'être humain est le sujet central.

- Toutes les valeurs autre que l'Amour ne sont que des palliatifs inopérants ou ne peuvent exister que si l'Amour existe préalablement, en étant un vecteur de celui-ci, c'est-à-dire permettant à l'Amour d'exister.

- La seule et unique valeur universelle, sur laquelle toute société harmonieuse et humaine doit être bâtie, est l'Amour. Il n'y en a pas d'autres. En cela, l'Amour est, en quelque sorte, le matériau essentiel permettant la mise en place des fondations de toute société harmonieuse, de la meilleure société possible.

- L'Amour est, à la fois, le salut de l'homme et de la femme, mais aussi le salut des hommes et des femmes ainsi que des sociétés qu'ils ont bâties, c'est-à-dire, le salut de l'Humanité. Collectivement ou individuellement, la seule valeur fondamentale est l'Amour.

- L'Amour est partage. Mais ce partage n'est pas uniquement un partage économique, ni même, avant tout, le partage économique, le partage des richesses matérielles. L'Amour, c'est le partage en tout, pour tout, partout et pour tous. La notion de partage est indissociablement liée à l'Amour. Elle est même sa caractéristique première. Car l'Amour n'a pas de buts égoïstes.

- Seul l'Amour est capable de fonder la société la «plus harmonieuse possible» sur notre planète.

- Tant que l'Amour sera rejeté, comme aujourd'hui, au profit d'autres concepts et d'autres valeurs, aucune société harmonieuse ne pourra se mettre en place, ni, a fortiori, voir le jour.

- Seul l'Amour peut apporter la liberté. L'Amour est la condition sine qua non de l'existence d'une vraie liberté.

- Seul l'Amour peut apporter la paix dans le monde.

- Seul l'Amour peut apporter cette fraternité réelle, cette fraternité désintéressée dans son essence même.

- L'Amour est la condition pour la plus grande égalité possible entre les hommes et femmes.

- Seul l'Amour peut fonder une vraie humanité.

- Seul l'Amour est capable d'être la base sur laquelle on peut organiser un ensemble de règles et un appareil chargés de réguler la vie en société (et non pas une équité inatteignable par essence sur terre) respectée et respectable dont les buts sont humanistes. Seul l'Amour peut donner ce socle humaniste.

- Seul l'Amour apporte la tolérance totale et bienveillante.

- Pour réaliser la Société de l'Amour, il faut que de nouvelles valeurs remplacent les anciennes. Mais, ces «nouvelles valeurs» ne sont, en réalité, que les seules valeurs essentielles, définies depuis longtemps, d'où tout découle, elles-mêmes ne découlant que de la valeur suprême, l'Amour. Ces valeurs sont «nouvelles» parce qu'elles n'ont, bien évidemment, jamais été réellement mises en place par aucune société, aucun système politique. Par valeurs, il faut entendre les fondements qu'une société se donne, à la fois, en ce qui concerne son organisation, mais aussi les relations entre ses membres.

- Toute valeur humaniste découle de l'Amour. Et de toute valeur humaniste découle l'Amour. Si ce n'est pas le cas, alors, il ne s'agit pas d'une «valeur de référence» d'une société de l'Amour.

- Seul l'Amour est à la base de toutes les valeurs et leur résultante. Ainsi, la véritable liberté ne peut exister sans Amour, sans respect et amour de l'autre. Mais, de la véritable liberté découle l'Amour. Et ainsi de suite pour toutes les autres valeurs de référence. La position de l'Amour est, à la fois centrale et périphérique, cause et effet, postulat et conséquence. En cela, l'Amour est la valeur fondatrice se retrouvant, in fine, dans les buts même de toutes les valeurs dont il est le socle.

- L'Amour conditionne le plaisir. On ne peut vivre le vrai plaisir qu'en présence de l'Amour. En cela, l'Amour est également la condition de toutes les joies humaines.

- L'Amour est l'unique base du vrai respect des hommes et femmes entre eux et les uns pour les autres.

- La société de l'Amour ne comprend ni chef, ni leader, ni gouvernants, ni gouvernés.

- Dès qu'il y a un début d'oppression, il n'y a plus d'Amour, donc plus de société de l'Amour.

- L'Amour n'a pas besoin de normes, de polices, d'armées ou de systèmes de coercition pour s'imposer, puis s'établir durablement comme la valeur de référence et comme pratique quotidienne. Il est la condition à l'établissement de sociétés d'hommes et de femmes libres et, en même temps, leur volonté de la mettre en place; hommes et femmes qui s'organisent entre eux sans devoir passer par un médiateur omnipotent et oppresseur dans son essence même. Dès lors, l'Amour est bien, à la fois, dans son contenu et son contenant, en tant qu'initiateur et but, la «Révolution définitive» elle-même, la seule qui mérite cette appellation.

- L'Amour dénie l'autorité fondée sur la violence et la coercition. Il ne reconnaît que l'autorité du cœur, celle qui n'a pas besoin de moyens policés pour s'imposer aux hommes et aux femmes.

- Jusqu'à présent la libération de l'homme et de la femme, dans une société, s'est inscrite dans une vision violente de la transformation sociale, comme la conquête de quelque chose – le bonheur – que quelques uns avaient confisqué à leur unique profit. Cette «libération» ne s'est conçue que dans le cadre d'une confrontation, alors que la seule émancipation réelle de l'homme et de la femme ne pourra se faire que dans et par l'Amour, dans l'union et non dans l'affrontement.

- L'Amour est la valeur positive suprême, combattue inlassablement par l'égoïsme et son corollaire, le bonheur.

- L'Amour et le bonheur ne sont pas complémentaires. Ils s'opposent.

- L'Amour s'expose, le bonheur se cache.

- Le bonheur ne se partage pas, l'Amour si.

- L'Amour est un acte éminemment gratuit. Le bonheur est un état intrinsèquement payant.

- Chercher le bonheur, c'est rejeter l'Amour.

- Le seul état que nous devons rechercher est l'Amour. Mais nous voyons immédiatement tout ce que l'Amour contient de subversif pour tous les pouvoirs en place et pourquoi ces derniers ont, depuis toujours, tenté de le nier comme principe de base de l'organisation d'une société harmonieuse et humaniste. L'Amour étant dangereux pour les pouvoirs en place, ces derniers se servent, alors, de la notion de bonheur. Car ils préfèrent promettre le bonheur à leurs peuples, même s'ils savent que celui n'existera jamais, plutôt que de rechercher l'établissement de l'Amour, qui signifierait, en outre, la perte de tous leurs privilèges.

- Le bonheur ne peut pas exister, car il présuppose son éternité. Le vrai bonheur ne peut-être qu'éternel (ou, tout au moins, durer toute notre vie terrestre). Or, par définition – et même sans aller plus en avant dans la tragédie de l'existence terrestre des êtres humains – la vie terrestre, étant une période qui s'achève par la mort, ne peut être le bonheur. Car, même si nous admettions que la vie terrestre peut-être le bonheur, son arrêt signifierait que nous sommes, tous, amenés à ne pas vivre le bonheur jusqu'au bout. Et, pour exister réellement, le bonheur ne doit pas avoir de fin. Donc, promettre aux peuples le bonheur, est une des plus grandes tromperies – si ce n'est la plus grande –, qui a été inventée pour légitimer la domination de certains êtres humains sur d'autres.

- Ce n'est pas une société du bonheur qu'il nous faut construire, mais une société de l'Amour. Nous n'éradiquerons jamais toutes les maladies de la planète, nous n'éliminerons jamais totalement la faim et la pauvreté. Surtout, nous ne vaincrons jamais la mort. Dès lors, vouloir construire une société du bonheur revient à nier la vie, à nous nier en tant qu'êtres humains, à nier la réalité de notre existence. Cela revient à ne vouloir bâtir que des sociétés superficielles, dans lesquelles nous ne pouvons avoir que des existences superficielles. Alors que bâtir une société de l'Amour, c'est prendre réellement la mesure de la dimension humaine, en créant une société où les hommes et les femmes inventent ensemble une communauté, communauté où tout le monde s'entraide et se considère. La société du bonheur ressemble à la poudre de perlimpinpin, jetée aux yeux de tous ceux que les systèmes en place veulent abuser pour se pérenniser et pérenniser leur domination.

- Le bonheur est une supercherie et un mensonge. C'est un concept inventé par ceux qui désirent le pouvoir ou qui veulent légitimer les notions de pouvoir et d'autorité.

- Le bonheur ne pourra jamais exister pour ces nombreuses personnes qui sont venues au monde avec de lourds handicaps. Si le bonheur était la pierre angulaire de notre existence, il devrait être un état accessible à tout le monde. Cela signifierait que ces personnes devraient pouvoir le connaître. Or, ceci est impossible. Dès lors, si le bonheur ne peut exister, même pour une seule personne, il ne peut être une valeur de référence. En revanche, l'Amour est universel.

- La pire des impostures est de proposer l'établissement d'une société du bonheur. Cette société du bonheur n'est pas toujours définie comme telle, clairement. Pourtant, derrière les mots et les argumentaires, il s'agit bien d'elle, lorsque l'on promet un progrès sans fin, une opulence toujours plus grande, une augmentation du niveau de vie, la satisfaction parfaite de nos besoins matériels, une organisation de la société pour nous garantir notre paix et notre sécurité individuelle, ainsi que l'élaboration de normes garantissant le tout. La société du bonheur pourrait être une sorte de transcription matérialiste du paradis sur Terre. Matérialiste, non pas simplement parce que l'on nous promet un foisonnement de biens, mais parce que l'on prétend que nous pouvons avoir, de notre naissance à notre mort, une vie de bonheur. Souvent, les théoriciens, les gouvernants et les idéologues ne parlent pas du bonheur en tant que tel. Mais, si nous analysons leurs paroles, leurs écrits et leurs actes, ainsi que la société qu'ils veulent bâtir – qu'elle soit de type libérale ou de type socialiste, qu'elle soit démocratique ou totalitaire, etc. –, il s'agit d'une société qui, sinon veut apporter le bonheur, veut créer les conditions pour que tout homme et toute femme y construisent leurs bonheurs personnels ou puissent y trouver leurs bonheurs. L'élément central, que l'on retrouve systématiquement, est bien la recherche d'une félicité permanente, qui est bien le bonheur, même si d'autres termes sont utilisés. En effet, le terme bonheur n'est pas toujours le bienvenu, notamment dans des sociétés en crise. Certains préfèrent, donc, ne pas le nommer directement.

- C'est une tromperie d'une partie des courants philosophiques de nous faire croire que notre recherche principale est le bonheur et que nous devons tendre vers cet objectif. Car, atteindre le bonheur, sur cette terre, voudrait dire, entre autres, que nous sommes devenus immortels.

- Beaucoup de philosophes, depuis longtemps – ainsi que la grande majorité des théoriciens politiques – ont parlé du bonheur, de la société du bonheur, du bonheur social et de la manière de les atteindre. Une fausse route, une chimère égocentrique qui supposerait que nous puissions atteindre la perfection sur cette planète et qui a légitimité beaucoup de mesures d'oppression.

- Nous ne pouvons pas vivre le bonheur mais uniquement une illusion du bonheur. Et comme toute illusion, celle-ci a une fin, démontrant, par là même, la vacuité de cette notion. D'autant que cette illusion peut-être remise en cause à tout moment, car nous sommes, continuellement, à la merci d'un événement contraire. C'est bien pour cela que le bonheur ne peut exister. A tout moment, il peut nous être retiré.

- Ne nous épuisons pas à chercher le bonheur, il n'est dans la tête que de ceux qui ne savent pas aimer.

- Si jamais une société du bonheur pouvait exister, elle ne pourrait se maintenir que grâce à des moyens de coercition d'une très grande ampleur et l'existence d'une force de maintien de l'ordre établi, particulièrement puissante.

- Privés d'Amour ou de possibilité d'obtenir de l'Amour, nous faisons, alors, une course effrénée vers le bonheur. Mais nous ne savons même pas ce que nous recherchons, puisque le bonheur, comme concept, ne peut être qu'un état parfait, état qui n'a donc aucune existence, aucune chance de ne jamais pouvoir exister.

- Le bonheur est un concept, à la fois, vain et utilisé par les gouvernants comme «pansement social». En revanche, il est possible d'établir la société de l'Amour et de changer réellement la vie afin de la rendre la meilleure possible. Mais on ne bâtira jamais la société parfaite, chimère des tenants de la théorie du bonheur sur terre, qui veulent faire croire que ceci est possible, du moins, envisageable. Seule la «meilleure société possible» est envisageable.

- Ne nous arrêtons pas simplement aux termes utilisés, mais à leur signification profonde et aux buts poursuivis. Or, tout montre que le bonheur est bien la valeur centrale de toutes les sociétés existantes. C'est celle qui coûte le moins à mettre au centre des préoccupations et qui permet d'agiter une carotte devant tous les hommes et toutes les femmes. Cette prise de conscience est la condition première de la libération de l'Humain.

- La société du bonheur étant un leurre, chargé de tromper l'homme et la femme et de réguler la vie sociale, leur première libération viendra de leurs révoltes individuelles contre ce concept. De cette somme de révoltes individuelles naîtra les prémisses de la «Révolution définitive», celle de l'Amour.

- Tous ceux qui préconisent l'établissement d'une société du bonheur, tentent de réfuter ou de passer sous silence ce que notre existence terrestre a de tragique. Le reconnaître, ce n'est pas abdiquer devant ce tragique, mais, bien au contraire, l'inclure afin de progresser vers la «meilleure société possible». Le principal déséquilibre de nos sociétés provient de cette absence de reconnaissance.

- Une société du bonheur est incompatible avec l'inégalité inhérente de la vie terrestre, alors qu'une société de l'Amour encadre cette inégalité pour en faire une différence.

- Le règne du bonheur sur Terre n'existe pas et n'existera jamais. Le bonheur est antinomique avec la vie, au contraire de l'Amour.

- La justification de l'existence d'un Etat et d'un gouvernement réside, soi-disant, dans leur capacité, sinon d'apporter le bonheur – notion très risquée pour être affirmée directement, car relevant dès lors de volontés totalitaires (opposition bonheur/bonheurs individuels) –, tout au moins de mettre en œuvre les conditions de sa survenance. Or, dès lors que l'on démontre que le bonheur n'est qu'une notion fumeuse, relevant uniquement de l'imaginaire, une grande partie de la justification et, plus important, de la légitimité de l'Etat et d'une classe de gouvernants – par opposition à une classe de gouvernés –, n'existent plus, d'autant plus que le bonheur est remplacé par l'Amour.

- Il ne peut y avoir de bonheur parce que l'égalité en tout et pour tous n'existe pas et ne peut exister. Il ne peut y avoir de bonheur parce que la vraie justice n'existe pas et ne peut même pas exister sur terre et, a fortiori, dans une société qui met le bonheur au rang de valeur principale.

- Le bonheur ne pourrait exister que dans le cadre d'un paradis terrestre. Or, celui-ci, de par sa nature parfaite, ne pourra jamais exister. Quant au paradis céleste, il n'a pas besoin de bonheur, mais, par définition, n'est qu'Amour. C'est pourquoi, le bonheur, tant collectif qu'individuel, ne peut exister sur terre, que l'on soit croyant ou non.

- L'absurdité de l'existence, c'est nous qui la créons en grande partie, en recherchant le bonheur puisque celui-ci n'existe pas. Si nous ne nous focalisions pas sur cette quête sans fin, mais si nous tentions d'établir la société de l'Amour, tout en ne nous cachant pas la réalité de la vie sur la Terre et sa durée limitée, alors nous pourrions vivre cette vie en harmonie.

- Rejeter le bonheur n'est pas une acceptation de notre condition, ni du monde tel qu'il est. Au contraire, c'est la marque d'une volonté de changer réellement ce monde, d'essayer d'en obtenir le meilleur.

- Si l'on ne peut définir le bonheur, s'il est impossible de préciser ses contours, on voit bien que promettre son établissement ou faire croire qu'il peut exister, est une manière de détourner les populations des vraies valeurs à atteindre, de la valeur ultime qu'est l'Amour.

- Faire rechercher ce qui ne peut exister revient à détourner les gens de ce qu'ils peuvent réellement atteindre. Dès lors, la recherche du bonheur est un système d'aliénation, qui détourne les gens de la recherche des vraies valeurs et de la mise en place d'une société harmonieuse, d'une société de l'Amour.

- La notion de bonheur est, à la fois, suggérée à l'individu par la société, mais fonctionne également comme une autosuggestion de l'individu, lorsque celui-ci doit déterminer sa place dans cette même société, puisque celle-ci lui fait miroiter ce bonheur.

- L'Amour est la seule valeur positive qui ne nie pas la réalité de la vie, mais qui l'accompagne, alors que le bonheur est, par essence, un concept qui, pour exister, doit nier cette réalité et la tragédie inhérente de la vie.

- Seul l'Amour peut apporter la «Révolution définitive», l'ultime révolution, celle qui établira la «meilleure société possible», c'est-à-dire la société «la plus respectueuse possible» de tous les hommes et toutes les femmes.

- Jusqu'à aujourd'hui, il n'y a eu que des réformes, des révoltes, des ajustements, mais jamais de vraie révolution. Celle-ci reste à faire et ne peut passer que par l'Amour. Sinon, elle ne pourra être la «Révolution définitive», au sens où ce concept exprime que les femmes et les hommes auront alors, et pour la première fois, érigé et construit leur société sur la valeur fondatrice de toutes les autres, qu'ils auront établi la «meilleure société possible».

- La seule «Révolution définitive» sera celle qui mettra l'Amour au centre de la cité et des relations entre les hommes et les femmes.

- La «Révolution définitive» sera pacifique, respectueuse des hommes et des femmes, de tous les hommes et de toutes les femmes, ou elle ne sera pas.

- Demain, si tous les hommes et les femmes de la planète en avaient une volonté forte et précise, la Société de l'Amour existerait sans peine. Car cette société n'a besoin que de cette volonté des femmes et des hommes pour exister. Cette condition simple est terriblement compliquée à réaliser dans un monde où l'Humain n'est pas consacré comme sujet central.

- Seule la Société de l'Amour valorise également l'individualisme et la différence de chacun tout en en supprimant les effets négatifs qui se manifestent par la confrontation et l'agressivité. Cette capacité n'est qu'un paradoxe en apparence. Car si je respecte l'autre en lui permettant d'être lui-même, il n'aura pas besoin de dépenser son énergie à se confronter à moi pour être lui-même, à être agressif vis-à-vis de moi. De même, il n'emploiera pas son temps à m'empêcher d'être moi-même, à faire en sorte que je déploie mon énergie et mon temps à lutter pour être moi-même mais à réaliser mes projets car pouvant être moi-même. Cela aussi est de l'amour et est une résultante de la Société de l'Amour.

- Les guerres et la violence généralisée existent essentiellement parce que l'Amour n'est pas à sa place dans ce monde. Remplaçons les fausses valeurs – les valeurs erronées et viciées – qui engendrent la violence et la haine par l'Amour. Alors, notre planète deviendra un monde de paix.

- L'Amour n'est pas l'établissement du paradis sur terre. Il ne peut, et il ne pourra jamais y avoir, de paradis sur terre. L'Amour est seulement la forme ultime de ce que les hommes peuvent organiser comme société de type idéal, c'est-à-dire la «meilleure société possible», sur notre planète. Ensuite, libre à chacun, de croire ou non dans un au-delà. Car l'Amour ne présuppose aucunement l'existence d'un être suprême. De la même manière, il ne présuppose aucunement son inexistence.

- Afin de fonder l'harmonie sur terre – ou de s'en rapprocher le plus possible –, le futur du monde, ainsi que celui des hommes et des femmes, doit être l'Amour. La tâche des hommes et des femmes est d'établir une société universelle basée sur l'Amour, c'est-à-dire la «meilleure société possible». Sinon, nous nous apprêtons à vivre encore de grands drames; nous nous apprêtons à construire un avenir de tous les dangers pour nos enfants et les générations futures.

Du sexe

Pour une Erotiki Philosophia

Fondé sur un besoin naturel, le sexe, l'érotisme, le rapport sexuel, c'est-à-dire la recherche du plaisir sexuel en tant que tel n'est ni moral ni immoral. Voilà le fondement de toute Erotiki Philosophia, de toute philosophie du sexe, c'est-à-dire d'une réflexion qui se donne pour but, en observant le sexe, d'en tirer des enseignements pour que les êtres humains vivent pleinement leur sexualité dans le respect et la tolérance réciproques.

Désirer prendre du plaisir et de la joie, jouir et avoir un orgasme, aimer le sexe, avoir envie de le pratiquer le plus souvent possible est donc naturel. Comme le sont les jeux sexuels entre adultes consentants respectant la personne humaine. De même que la sexualité d'un être humain de sa naissance à sa mort.

C'est dans ce cadre que doit s'élaborer une philosophie du sexe permettant à chacun de vivre pleinement ce besoin naturel. Mais, objectera-t-on pourquoi avoir besoin d'une philosophie du sexe puisque le sexe est naturel? A cette objection, nous répondrons que l'être humain n'est pas seulement nature mais aussi culture et, de ce fait, ne pratique pas le sexe sans référence à la culture. C'est dans ce cadre qu'une philosophie du sexe, rappelant sans cesse le côté «ni moral, ni immoral» du rapport sexuel en tant que besoin naturel s'insérant dans une société aux références culturelles se justifie pour contrer un certain nombre de discours mais également et surtout pour en élaborer un.

Car, dans la société, le sexe c'est du permis, de l'interdit, du jugement social et moral entre ce qui est bien et mal (qui ne recouvre pas toujours le permis et l'interdit). C'est de ce point de vue qu'une philosophie de l'érotisme et du sexe se justifie.

Elaborer une philosophie du sexe est avant tout un acte pour, non seulement, affirmer l'importance du sexe et sa place centrale, mais pour en finir une bonne fois pour toutes avec tous les discours diabolisant le sexe avec pour conséquence, in fine, d'extérioriser en quelque sorte le sexe de l'être humain alors qu'il est naturellement constitutif de celui-ci et que, donc, le sexe en lui-même n'est, comme nous l'avons dit, ni moral, ni immoral. Une philosophie du sexe a donc comme but de permettre à tous les êtres humains de vivre une vie sexuelle harmonieuse et pleine.

Et, n'oublions pas que nous sommes sexe. Nous naissons d'une relation sexuelle, nous jouissons du sexe et nous recherchons le sexe. Mais, il faut immédiatement ajouter que nous ne sommes pas que sexe.

Quelques remarques sur le sexe

- Il faut cesser d'opposer sexe et civilisation. Bâtir la meilleure société possible, respectueuse de l'être humain, impose d'associer sexe et civilisation.

- Il est intéressant de constater que, schématiquement, le monde se divise et s'est divisé depuis longtemps entre des sociétés acceptant le sexe et en en faisant une activité très libre, recommandée, voire magnifiée et des sociétés édictant de très nombreux interdits en la matière, essayant de culpabiliser leurs populations. Dans cette deuxième catégorie, on trouve, entre autres, les sociétés occidentales depuis qu'elles ont été touchées par le christianisme «officiel», celui qui n'a eu de cesse de combattre le sexe et le plaisir sexuel ou qui a tenté de s'approprier le sexe.

- Dans nos sociétés dites «civilisées», le sexe apparaît à certains comme un comportement uniquement «animal» alors qu'il est une des manifestations les plus importantes de l'amour. Se donner du plaisir en en donnant à l'autre est un des plus beaux actes de l'être humain. Nier le sexe, c'est nier la vie puisque nous devons notre existence aux relations sexuelles, à cette union physique entre un homme et une femme. Etrange cette condamnation d'un plaisir qui ne nuit à personne et qui apporte harmonie entre deux ou plusieurs êtres (ou un en cas de masturbation). Bien évidemment, il existe des déviances condamnables, du viol à la pédophilie en passant par l'inceste, mais cela est vrai de tous les plaisirs lorsqu'ils ne deviennent que des contraintes imposées, lorsqu'ils sont subis, lorsqu'ils sont accompagnés de violences. Ces pratiques nient l'amour, nient le plaisir.

- Une société libre et harmonieuse doit donner toute sa place au sexe et se doit de donner la possibilité à ses membres de pratiquer le sexe comme bon leur semble dans le respect du à autrui.

- L'objet de l'étude d'une philosophie du sexe c'est la sexualité, l'acte sexuel, le rapport sexuel ainsi que le plaisir sexuel et le but est de permettre à chacun de vivre sa sexualité de la manière la plus épanouie possible (la philosophie devant toujours avoir une visée pratique pour les individus pour être totalement légitime).

- Les limites de la liberté sexuelle et de la jouissance sexuelle se trouvent, comme dans la vie, dans le respect de l'autre, dans le respect de son intégrité, dans le respect de la vie.

- Au cours des siècles, la morale des frustrés nous a envahis. Jésus, le libérateur, le messager de l'Amour, laissa ses disciples devenir des illuminés de l'interdit sexuel. Ce fut une des causes principales de l'ostracisme de Rome à leur égard. Dans la cité impériale, toutes les licences étaient permises. Il fallait juste ne jamais en parler. N'est-ce pas monsieur Ovide? Notre pudibonderie ne provient même pas de ces apôtres qui écoutèrent leur maître d'une oreille distraite. Ainsi, au Moyen Age, on se promenait souvent nu dans les rues. Dans le Linga Purana, la femme s'offrait à tous les hôtes de passage. Dans les châteaux forts, les hôtes invitaient les voyageurs de passage à partager leur couche. Et, ensemble avec la femme du châtelain, ils dormaient nus.

- Pascal prétendait que l'homme «est né pour le plaisir: il le sent, il n'en faut point d'autre preuve. Il suit donc sa raison en se donnant au plaisir». Un jour un sage – un parmi tant d'autres – a dit: «Il n'existe pas de façon mauvaise ou bonne de faire l'amour. Les gens mûrs et consentants doivent pouvoir s'aimer quand et de la manière qu'ils l'entendent, à condition de ne pas empiéter sur les droits des autres et de ne pas déranger leur intimité». Le sexe est important pour tout le monde. James Joyce a écrit des lettres pornographiques à sa petite amie où il parlait du plaisir de «l'enculer», de la «foutre par le derrière». Et qui se rappelle de la maxime de Jean de La Bruyère, «Le plaisir le plus délicat est de faire celui d'autrui». Etienne de Senancour disait, «Jouis, il n'est pas d'autre sagesse; fais jouir ton semblable, il n'est pas d'autre vertu». L'important est de connaître son corps, ses envies et ses besoins en matière de plaisir sexuel. Car, comme l'a dit un connaisseur en la matière, D.H. Lawrence, «Acceptez-vous vous mêmes comme des êtres sexuels et physiques, et percevez les autres dans le même esprit. N'ayez pas peur de votre sexualité». Et il a ajouté, «Quand les hommes et les femmes sont séparés physiquement, ils deviennent dangereux, agressifs et cruels. Il faut surmonter la peur du sexe et restaurer la vague naturelle du mouvement de la vie».

- Le sexe est, sans conteste, une des choses les plus importantes de la vie avec l'amour et la sagesse. Ainsi, lors de l'invention du cinéma, parmi les premiers films du génie Georges Méliès et de Charles Pathé, il y avait déjà des scènes érotiques, pornographiques. Dès l'invention de l'écriture, les hommes ont écrit sur le sexe, le plaisir sexuel. Et ne jugez pas ceux qui trouvent leur plaisir d'une manière différente de la vôtre tant qu'ils respectent l'être humain, la morale de l'amour. Car ce qui est sale pour les uns est jouissance pour les autres et inversement. Dites comme ce sage Montaigne, «Les plaisirs de l'amour sont, selon moi, les seuls vrais plaisirs de la vie corporelle».

- «Le but suprême n'est pas d'être libre de faire l'amour, mais d'être libre d'aimer». prétendait David Baar. Comme le disaient les hippies, «Prête ton oreille à tout le monde, ta voix à quelques-uns, mais ne prête jamais ton cul à qui que ce soit». «Le sexe est un art, et c'est même le plus fondamental» ai-je lu un jour.

- Sous couvert de «bonnes mœurs», de stabilité sociale, de «cohésion sociale et morale», de respect des «valeurs», d'accord avec les différentes religions, le sexe a été, sinon diabolisé (ce qu'il a été dans certains cas), en tout cas «encadré», «normé» avec tous les interdits qui permettaient d'éviter les «dérives». Mais de quelles dérives parle-t-on? S'il s'agit de protéger autrui, notamment les plus faibles, les non-consentants, vis-à-vis de comportements violents, il n'y aurait rien à redire, il faudrait même applaudir et demander encore plus de sévérité. Mais, il s'agit le plus souvent d'encadrer négativement une activité qui, si elle ne l'était pas, produirait des êtres épanouis ou, à tout le moins, débarrassés d'une idéologie qui fait qu'aujourd'hui encore le sexe se cache, le sexe est paré de jugements moraux archaïques. Non, le sexe n'est pas sale!

- Le plaisir et la jouissance sexuelle n'ont pas de limites entre adultes consentants. Tout peut se pratiquer si les différents partenaires agissent en plein accord, ce qui suppose qu'ils agissent en pleine conscience. La liberté sexuelle dans le respect de l'autre est une évidence. Ce qui va à l'encontre de toute la théorie de Sade pourtant vénéré par de nombreuses personnes qui en font un chantre de la liberté alors que sa violence en fait un ennemi irréductible.

- Paradoxalement, alors que la société réprime le sexe, sa survie passe par les relations sexuelles, condition de la reproduction du genre humain. Double paradoxe car l'être humain qui demande naturellement et légitimement de pouvoir vivre une sexualité épanouie, lui, peut se passer de relations sexuelles car leur absence ne menace pas directement son existence.

- S'il n'est pas condamnable de pratiquer le sexe, il en est de même de ne pas le pratiquer par une décision personnelle et pour des motifs qui appartiennent à ceux qui choisissent l'abstinence. Comme il est illégitime de diaboliser le sexe, il l'est tout autant de le faire à propos de l'abstinence. Pratiquer le sexe est une liberté, s'abstenir de cette pratique l'est également.

De l'Histoire

L'important est de comprendre l'histoire non de la refaire.

L'Histoire parle tout autant du présent que du passé. Et je ne crois pas qu'il s'agisse d'asséner les «leçons de l'Histoire» uniquement afin de changer le cours des choses – ce qui s'avère vain parfois – mais l'Histoire nous permet également de comprendre ce qui se passe au présent et pourquoi cela se passe ainsi, de comprendre d'où nous venons, qui nous sommes et où nous allons. Le manque d'Histoire est un manque de connaissance sur nous, un peu comme si nous naissions chaque matin sans aucun passé, sans aucun savoir, sans savoir rien faire, sans aucune mémoire, sans aucune expérience.

De l'importance de l'Histoire

Dans ses, Leçons sur la philosophie de l'Histoire, Hegel affirmait avec regret que «L'expérience et l'Histoire nous enseignent que peuples et gouvernements n'ont jamais rien appris de l'Histoire, qu'ils n'ont jamais agi suivant les maximes qu'on aurait pu en tirer». Afin d'éviter que la sentence du premier historien, Thucydide, «L'Histoire est un perpétuel recommencement» (Paul Morand, disait: «L'Histoire, comme une idiote, mécaniquement se répète»), il faut «savoir» car comme le dit Marx «Celui qui ne connaît pas l'Histoire est condamné à la revivre», avertissement paraphrasé par Churchill, «Un peuple qui oublie son passé se condamne à le revivre».

Pire, nous dit George Santayana, «Ceux qui ne peuvent se rappeler le passé sont condamnés à le répéter», c'est-à-dire à être des acteurs actifs de ce recommencement qui a conduit à maints désastres. Pour cela, Thucydide nous encourage à «Voir clair dans les événements passés et dans ceux qui, à l'avenir, du fait qu'ils mettront en jeu eux aussi des hommes, présenteront des similitudes ou des analogies».

En effet, comme Tocqueville le notait, «L'Histoire est une galerie de tableaux où il y a peu d'originaux et beaucoup de copies». Et l'on veut bien croire Nietzche quant il affirme que «L'homme de l'avenir est celui qui aura la mémoire la plus longue» et qui l'utilisera pour aller de l'avant en se servant des enseignements de l'Histoire.

Bien sûr, l'Histoire est instrumentalisée depuis toujours. Ce qui faisait dire à Paul Valéry: «L'Histoire est le produit le plus dangereux que la chimie de l'intellectuel ait élaboré. Il fait rêver, il enivre les peuples, leur engendre de faux souvenirs, exagère leurs réflexes, entretient leurs vieilles plaies, les tourmente dans leur repos, les conduit au délire des grandeurs ou à celui de la persécution et rend les nations amères, superbes, insupportables et vaines. L'Histoire justifie ce que l'on veut, n'enseigne rigoureusement rien, car elle contient des exemples de tout et donne des exemples de tout.»

Si tout n'est pas faux ou exagéré dans cette sentence sans appel, malheureusement le «déjà-vu» avec les mêmes conséquences désastreuses qui jalonnent l'épopée humaine sur la planète permet de s'inscrire en faux quand on parle de l'Histoire, la vraie, et non les histoires (les petites, les mesquines auxquelles Valéry fait plutôt référence et qui faisait dire à Anatole France que «L'Histoire n'est pas une science, c'est un art. On n'y réussit que par l'imagination») qui veulent l'instrumentaliser et qui ne sont que des contes souvent maléfiques pour exciter une communauté, soit en la faisant passer pour la dominatrice naturelle de l'Humanité, soit pour l'opposer aux autres communautés dans une vision d'affrontement, soit pour justifier un pouvoir oppresseur.

D'autant que le même Valéry disait aussi, que l'Histoire «peut nous aider à mieux voir». Et c'est déjà un énorme bienfait de sa part. Car oui, comme l'expliquait Fernand Braudel, « Tout le passé pèse sur le présent» et «le passé est toujours présent » nous prévenait de son côté Maurice Maeterlinck.

Mais le plus important est que l'Histoire est un outil indispensable pour l'agir. C'est ce que nous disent Marc Bloch – «L'ignorance du passé ne se borne pas à nuire à la connaissance du présent: elle compromet, dans le présent, l'action même» – et Fustel de Coulanges – «L'histoire ne nous dira sans doute pas ce qu'il faut faire, mais elle nous aidera peut être à le trouver». Oui, ainsi que l'explique Lucien Febvre, «L'histoire, c'est cela: un moyen de comprendre et, par là même d'agir sur le cours des événements».

Dès lors «Si nous voulons être les acteurs responsables de notre propre avenir, nous avons d'abord un devoir d'Histoire (Antoine Prost). Quant Balzac affirme que «raconter ce qui fut, n'est-ce pas presque toujours dire ce qui sera», on ajoutera, c'est également presque toujours dire ce qui est parce que celui qui raconte est souvent le seul qui connait dans cette désolante constatation que les peuples ne sont pas seulement déculturés en matière historique mais souvent acculturés. Voilà pourquoi un peuple sans Histoire, au sens de son ignorance de ce qui fut, est condamné à répéter les erreurs et les fautes du passé.

Parce que, comme l'expérience et la transmission du savoir nous permet d'évoluer et d'avoir construit nos civilisations actuelles, la connaissance de l'Histoire est indispensable pour poser les jalons humanistes d'un présent et d'un avenir de paix, de progrès et de respect de la dignité de chacun et de tous. La démocratie républicaine, celle qui défend les valeurs humanistes, celle qui se bat pour une mondialisation à échelle humaine, celle qui met au plus haut la nécessité de la reconnaissance de la dignité de chacun, celle qui veut bâtir un lien social fort et protecteur entre personnes à l'individualité reconnue et protégée, celle que défendent le Centre et le Centrisme, a besoin de cette Histoire, et non des affabulations historiques qui peuplent nos récits nationaux à travers le monde (Napoléon, qui s'y connaissait en manipulations de l'Histoire, disait sans rire «Qu'est ce l'histoire, sinon une fable sur laquelle tout le monde est d'accord ?»…) sans parler de l'instrumentalisation des faits historiques (Churchill ne disait-il pas, en s'inspirant sans nul doute de César, «L'Histoire me sera indulgente, car j'ai l'intention de l'écrire»!), cet outil qui nous permet de regarder en face tout ce que l'Humanité a accompli pour que, dans nos vies présentes et dans celles, futures de nos descendants, nous continuions sur la voie de l'émancipation de l'humain et nous tournions définitivement le dos à nos errements.

Car c'est bien à la méconnaissance totale de notre passé que certains tentent de nous emmener vers l'aventurisme qui causa, lors de la Grande guerre mondiale de 1914 à 1945, une tragédie humaine qui, déjà, venait de ce que nous n'avions rien appris du passé. Alors, dans cet «ère de troubles» que l'Occident vit comme l'écrivait le grand historien britannique Arnold Toynbee, nous devons utiliser sans cesse avec discernement l'outil de l'Histoire pour éviter la «désagrégation» de nos sociétés démocratiques. Et avec Jean François Revel, nous pouvons bien affirmer que «Le problème n'est pas de se tromper mais de persévérer dans l'erreur en la reconduisant, une fois qu'on a pu tirer les leçons de l'Histoire», avec Aldous Huxley, nous inquiéter que «Le fait que les hommes tirent peu de profit des leçons de l'Histoire est la leçon la plus importante que l'Histoire nous enseigne» mais aussi, avec Jean Jaurès, nous rassurer, car si «L'histoire enseigne aux hommes la difficulté des grandes tâches et la lenteur des accomplissements» elle justifie néanmoins «l'invincible espoir».

Si Raymond Aron a raison de nous dire que «Ce sont les hommes qui écrivent l'Histoire, mais ils ne savent pas l'histoire qu'ils écrivent», en revanche, nous ne pouvons qu'être d'accord avec Albert Camus, qui explique avec clairvoyance, dans la même sentence, que «L'homme n'est pas entièrement coupable: il n'a pas commencé l'Histoire; ni tout à fait innocent puisqu'il la continue». Oui, c'est en la continuant par la répétition des erreurs commises alors que nous pourrions nous en garder grâce à notre savoir et notre intelligence, tant intellectuelle qu'affective, que nous devenons coupables des monstruosités du présent et de l'avenir qui se sont déjà déroulées dans le passé.

Terminons avec cette affirmation que nous faisons notre de Cicéron: «L'Histoire est le témoin des temps, la lumière de la vérité, la vie de la mémoire, l'institutrice de la vie, la messagère de l'antiquité». A nous de nous en servir avec sagesse car, comme nous le déclare Confucius, «Celui qui par la connaissance du passé obtient une connaissance nouvelle est digne d'être un maître».

L'indispensable honnêteté de la mémoire

Lorsque l'on parle de l'Histoire avec un grand H, il faut toujours s'en féliciter tant cette discipline, ô combien primordiale dans une démocratie, est souvent vouée aux rôles mineurs dans le système scolaire mais aussi dans la vie quotidienne. D'où, malheureusement, une presque totale inculture du citoyen lambda quant aux événements du passé, surtout ceux qui permettent la compréhension du présent.

Cependant, lorsque l'on parle Histoire, il faut toujours garder son sens critique car, comme l'analysait fort justement Raymond Aron, «Les événements de l'histoire ont tout ce qu'il faut pour être transfigurés en mythologie». Et cette tentation de donner à l'Histoire cette dimension existe, à la fois, chez ceux qui glorifient un épisode historique et chez ceux qui le vouent aux gémonies.

Les récentes polémiques sur les bienfaits du colonialisme ainsi que sur l'absence de véritable commémoration d'Austerlitz posent des questions fondamentales au-delà des réactions épidermiques voire totalement empreintes de propagande malhonnête, d'un côté comme de l'autre. Et ne parlons pas de la réaction stupide d'historiens qui ont prétendu que l'Histoire devait demeurer leur chasse gardée alors qu'ils devraient justement militer pour qu'elle se démocratise le plus possible en favorisant la prise de parole des citoyens.

Car, même si l'Histoire nous apprend rarement ce que nous devons faire, au moins dans une certaine mesure, elle nous apprend ce qu'il ne faut pas faire. Et c'est déjà énorme. Encore faut-il que nous la connaissions afin de ne pas répéter les mêmes erreurs sans cesse et que nous ne soyons pas dupes d'endoctrinements criminels sans cesse renouvelés.

Certains historiens prétendent qu'il ne doit pas y avoir une «histoire officielle». Fort bien, mais c'est pourtant celle qu'ils développent depuis longtemps dans les manuels scolaires et que tous les écoliers sont obligés d'apprendre sans sens critique. Sans faire une liste exhaustive et fastidieuse, pourquoi n'apprend-on pas que le «Bon roi Dagobert» est un des premiers à avoir expérimenté le génocide envers des tribus slaves? Pourquoi continue-t-on à appeler Louis IX, Saint-Louis, alors que celui-ci envoya des milliers d'hommes se faire tuer dans des croisades sans intérêt? Pourquoi la république fait-elle l'apologie sans nuance de l'empire napoléonien et de son créateur, un aventurier, certes de génie, mais dont le plus grand mérite fut d'être juste là au bon moment? Pourquoi n'apprend-on pas que le roi de France, Louis XVI, était avant tout européen n'ayant en tout et pour tout qu'un cent trente sixième de sang français?! Albert Einstein, dans un discours prononcé à la Sorbonne, expliquait avec humour: «Si ma théorie de la relativité est prouvée, l'Allemagne me revendiquera comme Allemand et la France déclarera que je suis un citoyen du monde. Mais si ma théorie est fausse, la France dira que je suis un Allemand et l'Allemagne déclarera que je suis un juif». On ne peut mieux résumer les méandres de l'histoire officielle qui ne mérite alors qu'un petit h!

Le problème dans la magnification du passé et de sa gloire, ce n'est pas de faire d'un petit caporal arriviste, un héros européen flamboyant mais de penser que dans quelques générations on nous parlera peut-être des «bienfaits» d'un autre caporal, monsieur Adolf Hitler, pour les mettre en vis-à-vis avec ses «errements» comme le font déjà beaucoup d'Italiens avec Benito Mussolini et encore beaucoup plus de Russes avec Staline, sans parler du révisionnisme d'Etat au Japon avec l'empereur Hiro Hito et les criminels de guerre fusillés. Sans parler, non plus, des légendes écrites et mises en scène par leurs propres héros devenus «vérités officielles», comme c'est le cas pour César, pour Napoléon (encore lui!) ou pour Kennedy. Et, aujourd'hui, grâce à la sophistication de la communication, tout personnage, tout événement peuvent être mis en scène à des fins partisanes par des lobbies et des groupes d'intérêts ou encore des organisations terroristes et des Etats criminels.

Comment sera traité Bin Laden dans les manuels d'histoire des pays musulmans?...

Doit-il y avoir, dans l'instruction de l'Histoire plusieurs points de vue? Sans doute. Mais alors on en revient à ce que nous venons de dénoncer. Qui se chargera de donner un point de vue «positif» à Hitler, à Staline et autres bouchers de l'histoire? Hitler n'a-t-il pas redonné le plein emploi aux Allemands? Staline n'a-t-il pas fait de l'URSS, la deuxième puissance du monde?

L'Histoire est écrite par les humains et, plus spécifiquement, par les vainqueurs. Sans doute, mais l'irruption du fait nationaliste au XIX° siècle a donné aux battus également des vertus héroïques et légendaires. D'autant que le fait d'être un vainqueur ne donne pas le droit de parer son combat d'une légitimité du «bien» contre le «mal». Le «mal» a souvent gagné. Le «bien» a souvent perdu.

Les débats sur la colonisation et Napoléon sont ainsi assez complexes. L'une et l'autre ont fait la «grandeur» revendiquée par la France. L'une et l'autre font partie des éléments de la vision que nous portons sur nous-mêmes mais également que les autres pays portent sur nous. Dénoncer, comme le souhaitent certains groupes de pression, les deux comme des totales falsifications de l'Histoire serait trop réducteur. Les enjoliver, comme le demandent d'autres groupes de pression, serait un déni d'histoire.

Nous devrions pouvoir regarder notre histoire en face comme ont su le faire les Allemands après le désastre de l'aventurisme nazi. Progresser dans la démocratie, dans l'union des peuples (et notamment dans l'union des peuples européens) exige ce regard honnête. Ce dernier demande que nous renoncions aux images d'Epinal mais aussi que nous tournions le dos à une auto-flagellation tout aussi ridicule et mensongère. La vigilance doit toujours accompagner cette honnêteté. N'oublions jamais que la réécriture de l'Histoire est un des passe-temps favoris des Etats et des idéologues et que cette activité n'est pas innocente. Comme l'écrivait André Malraux, «L'Histoire est la mémoire d'un peuple, et pour changer un peuple, il suffit de changer sa mémoire».

L'histoire de la France, l'histoire de l'Europe et l'histoire du monde sont ce qu'elles sont. Ni plus, ni moins. Ni aussi terribles, ni aussi glorieuses. Elles ont été faites par des femmes et des hommes, avec leurs qualités et leurs défauts. L'important est de les connaître pour construire l'essentiel : le présent et l'avenir.

Une France réconciliée avec elle-même est aussi une France réconciliée avec son passé, non pas pour en faire un mythe mais pour l'analyser et en tirer la substantifique moelle afin d'agir dans la réalité et de construire dans la sérénité.

L'impossibilité de connaître réellement le passé et ce qui s'y est déroulé

Qu'est-ce que l'Histoire? C'est une somme de faits qui se sont produits dans le passé. De cette définition, on pourrait en conclure qu'elle est une science objective chargée de raconter le déroulement chronologique de ces faits avec exactitude puisqu'on les connait et qu'ils sont tous advenus.

Cependant, des objections apparaissent déjà. D'abord, comment rapporter objectivement ces faits, puisque ce sont des personnes, des sujets, qui donc ont leur subjectivité, qui vont raconter ces faits. Cela semble une opposition sans issue. Ensuite, il s'agit de déterminer quels faits font partie de l'Histoire dans le sens où ils posent le passé et déterminent le présent, c'est-à-dire où ils permettent ce lien entre le passé où ils se sont déroulés et notre présent.

Si l'on considère que tous les faits qui se sont produits sont historiques, il devient, non seulement impossible de les rapporter de manière exhaustive mais d'en faire seulement un inventaire. S'il s'agit d'un certain nombre de faits «importants» et «emblématiques», la question est de savoir comment faire un choix, qui peut faire ce choix et qu'est-ce qui peut légitimer ce choix et celui qui l'a fait. Et dans ce choix, l'historien doit-il prendre en compte les faits qui ont paru importants aux contemporains de la période étudiée ou doit-il mettre en place une grille d'analyse pour choisir «objectivement» les faits? Dans ce dernier cas se pose évidemment la légitimité de cette grille mais aussi des faits choisis selon cette grille.

Une fois que ces questions sont résolues (si elles peuvent l'être!) dans un sens ou un autre, il faut exposer ces faits en les agençant afin de donner une cohérence au tout, c'est-à-dire construire un récit historique. Mais, justement, d'où va venir cette cohérence? Est-il possible de la déduire et d'en faire une vérité de base? L'historien ne fait-il pas là uniquement œuvre de création? Et puis, n'oublions pas une des fonctions essentielles de l'Histoire: expliquer le présent par le passé.

Là encore, et peut-être dans certains cas plus que pour les autres éléments dont nous venons de parler, nous nous retrouvons au cœur d'une subjectivité dans laquelle la plupart des historiens sont tombés afin de démontrer un enchaînement de faits aboutissant au présent. Oui, mais comment apprécier le présent dans lequel l'historien se meut et se trouve engagé? Il est alors tentant qu'il donne le sens de son propre engagement au détriment d'un sens plus neutre, que sa vision soit empreinte d'éléments purement idéologiques, voire même qu'il y mette un trop plein de son af-

fectif vis-à-vis des faits qu'il narre et des person-
nalités dont il parle. Toute cette problématique a,
in fine, comme interrogation centrale: comment
connaître véritablement et réellement le passé?
La réponse est qu'il est impossible de le faire.

Alors, l'histoire officielle que l'on nous apprend à
l'école n'est qu'une vision idéologique du passé
où les événements sont interprétés dans un sens.
Pour tenter de faire la part des choses, on peut
toujours multiplier les lectures et croiser ses connaissances. Et faire soi-même son propre travail
d'historien…

Des valeurs humanistes immuables pour apprécier le passé

S'il est vrai que le passé ne peut être jugé par le présent, il est tout aussi vrai, à l'opposé de ce que prétendent certains historiens, qu'on peut l'apprécier en regard des valeurs humanistes immuables qui existent depuis que l'humain est humain comme l'amour, la liberté, le respect de la dignité de l'autre, etc. Confucius, Jésus, Bouddha, Diogène, Zarathoustra ne sont pas vraiment nos contemporains…

L'historien,
technicien de l'information du passé

L'historien est un technicien de l'information du passé tout comme le journaliste est un technicien de l'information du présent. Ce que l'on demande aux deux est de nous dire du mieux possible les faits en utilisant leurs techniques respectives, l'histoire et le journalisme.

En cela, ni l'Histoire, ni le journalisme ne sont porteurs d'un quelconque message et ni l'historien, ni le journaliste ne sont des messagers et ne sont chargé d'une autre mission que celle de nous informer afin que nous soyons au courant et que nous puissions être des individus qui, sachant, peuvent être plus libres et plus à même de prendre de bonnes décisions pour eux-mêmes et la communauté toute entière. Car c'est à chacun et à chacune, à chaque citoyen et à chaque citoyenne de tirer les leçons du passé et du présent pour élaborer son opinion et s'en servir dans son agir. Et toute communauté humaine, de la plus large (l'Humanité) à la plus petite d'en faire de même.

Dès lors, il est faut de prétendre que l'Histoire et le journalisme ne peuvent servir à nous positionner dans le présent et nous aider à construire ce présent et l'avenir. Sinon, à quoi serviraient ces deux disciplines que certains voudraient réduire à soit à un rôle de récréation culturelle, soit à n'être que des disciplines dont les recherches seraient uniquement tournée sur elles-mêmes.

L'Histoire nous demeure
largement inaccessible

Jésus n'aurait jamais existé. Le Templiers avaient amassé un énorme trésor que l'on n'a pas encore retrouvé mais qui existe réellement. Jeanne d'Arc était un homme de la noblesse, Napoléon aurait été empoisonné, Corneille aurait écrit les pièces de Molière. Shakespeare, lui, a plusieurs prétendants au titre de réel auteur de son œuvre. Hitler ne serait pas mort dans son bunker mais se serait enfui en Amérique du Sud. Les commanditaires de l'assassinat de John Kennedy sont, pêle-mêle, Fidel Castro, la mafia, la CIA, Lyndon Johnson, Edgar Hoover et, pourquoi pas, un mari fait cocu par un homme qui multipliait les maîtresses! Elvis Presley, lui, n'est jamais mort. Barack Obama, non seulement, ne serait pas né aux Etats-Unis mais il ne serait même pas américain. Et l'on pourrait remplir des volumes avec de telles affirmations…

Au-delà de leur véracité et de beaucoup d'autres qui remettent en cause l'Histoire officielle, voire qui remplissent de réels trous noirs historiques, et qui ne sont souvent que des élucubrations d'illuminés ou des thèses complotistes diffusées pour tromper les gens mais pas toujours, l'important est que cette dernière n'est qu'une construction en trompe l'œil. Plus profondément, des pans entiers de l'Histoire et de son déroulement nous seront à jamais inaccessibles.

Combien de décisions importantes n'ont pas été prises par ceux qu'on nous présente comme les décisionnaires? Combien de décisions importantes ont été prises pour d'autres motifs que les motifs officiels? Combien d'entre elles résultent de joies ou de contrariétés de la vie quotidienne? Combien de faits ne se sont pas déroulés comme on nous les raconte? Combien d'événements importants nous demeurent inconnus? Non seulement le futur nous est inconnu mais le passé demeure, en partie, insondable.

Ou l'Histoire fragmente trop
ou elle ne fragmente pas assez

Ou l'Histoire fragmente trop ou elle ne fragmente pas assez. Si nous sommes tous des habitants de la même planète, donc du même espace géographique et historique, que nous sommes tous de la même espèce, en l'occurrence l'espèce humaine, que nous nous ressemblons tous et que notre destinée est commune, alors la fragmentation de l'Histoire que l'on nous enseigne depuis toujours, en racontant des histoires de sociétés, de nations (le fameux «récit national») et de peuples particuliers, pour en faire des exceptions parmi d'autres exceptions, fausse la réalité quand bien même ces histoires ne seraient pas fausses.

Car si l'on veut vraiment fragmenter l'Humanité, il faut le faire jusqu'au bout en allant jusqu'à l'individu lui-même, en racontant autant d'histoires qu'il y a et qu'il y a eu d'êtres humains sur terre puisque depuis toujours chaque individu est ontologiquement unique et induit un monde unique à lui tout seul qui interagit avec les mondes de tous les autres individus.

Soit l'on comprend l'Histoire comme l'histoire de l'Humanité, soit comme les histoires de tous les individus. Il ne peut y avoir de définition légitime de l'Histoire dans un entre-deux, ce qui ne signifie évidemment pas que l'on ne puisse pas raconter des histoires de groupes d'individus (civilisations, sociétés, peuples, pays, continents) et qu'elles n'aient aucun intérêt historique. Mais la seule véritable Histoire c'est l'histoire de tous les individus, l'histoire de l'Humanité.

L'Histoire, discipline en progression

Les historiens se targuent d'avoir une approche scientifique de leur discipline alors qu'ils sont complètement dépendants des documents et des témoins qu'ils peuvent utiliser et interroger à un instant T avant souvent de nouvelles découvertes de documents, de témoins, de lieux, d'objets, etc.

Ils oublient que la science qui d'ailleurs se trompe souvent et réactualise sans cesse ses découvertes, voire contredit les anciennes avec des nouvelles, se base le plus souvent sur des faits et des observations et non sur des documents venant de témoins dont on ne peut jamais affirmer qu'ils sont la vérité mais la transcription de faits par des humains, donc contiennent une proportion de subjectivité évidente et importante même si les témoins se veulent les plus objectifs possibles.

De même, tout comme la science, l'Histoire est à la merci d'une nouvelle découverte puis d'une autre et ainsi de suite, ce qui a comme conséquence que la «vérité» d'un moment est souvent à l'opposé de celle d'un autre. L'exemple de la construction des pyramides est, de ce point de vue, particulièrement édifiante. On a longtemps affirmé que celles-ci avaient été construites par des esclaves ou des hommes du peuple qui n'étaient pas payés suite aux récits faits par l'historien grec Hérodote. Puis, on s'est rendu compte que cette affirmation était complètement erronée et que les bâtisseurs de ces monuments funéraires, au contraire, étaient des artisans spécialisés, des ingénieurs et des ouvriers qui recevaient des salaires, étaient logés confortablement et nourris correctement, loin des théories d'Hérodote.

Donc l'Histoire n'est jamais une discipline finie mais en progression, progression qui peut même prendre la forme d'une contestation globale d'une thèse défendue jusqu'alors comme en témoigne de nombreuses études historiques. Ainsi, la soi-disant vérité historique n'est que la réalité d'une recherche historique à un moment donné sans oublier tout ce que nous ne saurons jamais sur tel ou tel évènement pour telle ou telle raison.

Du Progrès

Entre raison et progrès, je choisis le progrès

Est-il possible de transformer les humains en êtres raisonnables, respectueux et responsables? Non. En tout cas, cet état n'a jamais existé au cours de l'Histoire et rien ne prouve qu'il puisse exister dans un futur proche ou dans un avenir lointain.

Devons nous alors en tirer la conclusion que nous devons abandonner tout espoir en la matière? Non. Devons-nous faire le constat irrémédiable que, étant ce que nous sommes, étant ce qu'est notre existence incertaine dans un monde incertain, nous soyons incapables définitivement de sauver notre planète? Non. Devons-nous, comme le prônent certains écologistes extrémistes et illuminés, souhaiter la disparation de la race humaine pour le bien de la planète Terre? Bien évidemment que non.

Devons-nous continuer à tenter malgré tout, sans relâche jusqu'à l'épuisement, tel Sisyphe sur son rocher, d'inculquer à l'humain les valeurs humanistes? Oui. Pourquoi? Parce que c'est la seule façon de sauver, in fine, l'Humanité et la planète sur laquelle elle vit tout en assurant à la première une vie décente et à la seconde une protection contre nos dégradations.

Que l'on ne se méprenne pas. Si nous continuons à vivre comme nous le faisons, l'Humanité entière ne disparaitra pas mais une partie d'entre elle, plus ou moins importante. Quand les dinosaures ont disparu après le cataclysme dont on ne connait pas exactement les causes (météorites, éruption volcanique…), les mammifères, eux, espèce à laquelle nous appartenons, ont résisté et ils résisteront à une extinction sauf si la planète implose ou si les conditions de vie sont définitivement détruites partout et pour tous, deux probabilités extrêmement faibles avant l'explosion du soleil dans quelques milliards d'années…

Donc, et d'ailleurs certains – et pas seulement les «survivalistes»! – y pensent, il y aura des survivants. Combien? Cent mille, dix millions, plus, moins? Personne ne peut le dire. Mais, ce constat n'est pas et ne peut être une réponse humaniste qui est de sauver tout le monde dans la limite du possible, c'est-à-dire de l'action humaine et de ses capacités d'aujourd'hui et de demain.

Et, dans ces capacités il y a celles de la raison, du respect et de la responsabilité. Attention, là aussi, il ne faut pas se méprendre. Ce n'est pas parce que nous avons théoriquement les trois capacités citées ci-dessus que nous voulons les mettre en œuvre. Jusqu'à maintenant, la réalité est là, nous ne l'avons jamais fait collectivement ou lors de circonstances exceptionnelles et très limitées dans le temps (comme faire la paix, par exemple ou signer une convention sur les droits de l'enfant).

Dès lors, suite à ce constat désespérant, pour sauver la planète, je choisis à court et moyen terme le progrès plutôt que la raison par simple application du principe de réalité. L'être humain n'est pas du tout raisonnable, loin d'être responsable et peu respectueux, surtout quand il est en groupe où la raison, la responsabilité et le respect se diluent et s'évaporent soudainement, donnant naissance à des comportements inacceptables, voire intolérables. Que tous ceux qui ont été un jour supporteurs d'une équipe de football me disent le contraire!

En revanche, l'être humain est ingénieux. Nous avons réussi à vivre une existence à peine croyable par nos ancêtres pas si lointains avec les progrès de l'hygiène, de la médecine, de l'agriculture, de nos artefacts, etc. Mais cela ne nous a pas empêché de nous entretuer, de perpétrer des massacres indicibles, de détruire nos écosystèmes, de créer les conditions d'un holocauste mondial. Le XX° siècle a été dans ces domaines l'exemple (indépassable?!) de notre génie et de notre infamie.

Malheureusement, le troisième millénaire ne nous a pas encore montré un changement consistant dans nos comportements tout en nous démontrant que notre capacité à créer était bien extraordinaire. Or donc, ce n'est pas la raison qui a sauvé le monde jusqu'ici mais bien le progrès. Et demain, ce sera pareil.

Comme il est donc impossible de nous transformer en êtres raisonnables, respectueux et responsables dans des temps proches, c'est pourquoi, entre raison humaine et progrès scientifique et technologique, je pari sur le second. Avec des regrets mais avec lucidité. Et je ne pars pas battu mais raisonnablement optimiste dans notre capacité à trouver des solutions pérennes.

Bien sûr, quand nous avons remplacé les chevaux par les moteurs à explosion dans les villes, tout le monde s'est écrié que nous avions vaincu une pollution absolument invivable avec – dû au crottin de cheval qui s'amoncelait dans les rues, dans les décharges et partout ailleurs – des odeurs nauséabondes mais aussi des risques sanitaires importants. En réalité, nous avions remplacé, sans vraiment le savoir, un problème par un autre. Et c'est sans doute ce qui nous guette avec la voiture électrique qui, si elle se généralise comme la voiture à essence, génèrera une pollution monstrueuse due aux batteries électriques (sans oublier tous les autres fluides et matériaux que l'on trouve déjà dans nos voitures actuelles).

Pour autant, nous avançons même si nous devons nous rappeler que, de tout temps, la vie sur terre a été un risque où nous devions choisir une voie par rapport à une autre tout en sachant qu'aucune des deux n'étaient sûres à 100%. Ainsi en ira-t-il encore demain et après-demain. Néanmoins, nous savons un peu mieux où nous devons aller, et cela est une grande force pour trouver des outils scientifiques et technologiques qui nous permettront de mettre en place une société meilleure.

Cela ne nous exemptera jamais de trouver la raison, de pratiquer le respect et d'accepter notre devoir de responsabilité et de mettre en œuvre réellement les valeurs humanistes. Jamais.

Oui, le progrès est non seulement positif mais humaniste

Vilipendé par tous les conservateurs et réactionnaires (tant à droite qu'à gauche) ainsi que par les obscurantistes, le progrès serait une notion malfaisante qui ferait courir le monde à sa perte. Mais de quoi parle-t-on exactement? Car le progrès n'est pas cette définition donnée par tous les économistes productivistes qui l'associe à une accumulation matérialiste sensée nous apporter le bonheur par l'argent et les objets. Le progrès de l'Humanité, c'est avant tout le mieux avant le plus.

Et, le «plus» doit toujours être assujetti au «mieux» et jamais aller contre lui alors que le «mieux» doit toujours primer sur le «plus». Car le progrès est bien autre chose qu'un concept matériel où avoir plus nous apporterait le mieux mais bien un concept de vie bonne où être mieux nous apporte le plus. Nous devons ainsi construire un monde de «mieux-value» et non de «plus-value».

Les adversaires du progrès, soit par intention malveillante, soit par totale bêtise, le confondent avec une simple élévation du bien-être matériel et donc, mécaniquement, avec la croissance économique qui conduirait par sa recherche stakhanoviste à la destruction totale de la planète (et, par conséquent, du genre humain). S'il serait faux de prétendre que cette élévation du niveau de vie économique n'est pas un progrès si elle est maîtrisée, elle n'est pas le seul, surtout pas le principal, ingrédient du progrès.

La paix, l'élévation de la sécurité, les découvertes scientifiques et médicales, la diffusion de la culture, l'augmentation des loisirs, la capacité à vivre libre, tout cela ne se quantifie pas économiquement (même si certains s'y emploient de manière totalement stupide) mais s'évalue en termes qualitatifs. Une meilleure vie et non une existence plus riche. Quand, familièrement, nous disons «il y a du progrès», nous signifions que «cela va mieux» et non qu'«il y en a plus».

Bien entendu, le progrès doit sortir tout le monde de la pauvreté et de la précarité ainsi qu'offrir à chacun de pouvoir réaliser sa vie avec une activité qui lui permette de subvenir à ses besoins. Mais c'est au mieux et pas au plus qu'il s'agit d'aller sans pour autant fixer un idéal unique à atteindre puisque chacun poursuit le sien grâce à sa liberté dans la différence.

Cependant cet idéal personnel ne peut évidemment aller contre la société, c'est-à-dire viser à s'enrichir sur le dos de celle-ci, mais, au contraire, à être mieux en l'améliorant du même coup. Comme le disait avec conviction (même s'il n'a pas toujours agi en rapport avec ses propos),

l'homme le plus riche du monde de la fin du XIX°
siècle et plus grand philanthrope de son époque,
l'Américain d'origine écossaise, Andrew Carne-
gie, «l'argent ne peut avoir plus de valeur que la
vie humaine». Et il ajoutait: «celui qui meurt riche,
meurt dans le déshonneur», car il n'a pas utilisé
son argent pour faire le bien.

Quand, par exemple, les écologistes dogmatiques (souvent une tautologie!) anti-progrès demandent que la lutte contre les pollutions et le
réchauffement climatique soit une priorité, ils demandent en réalité un progrès, c'est-à-dire une
amélioration de la vie sur Terre par rapport à ce
qu'elle est actuellement! Et ceux qui ont pollué
jusqu'à plus soif et détruit entièrement des écosystèmes pour s'enrichir et permettre une croissance économique plus forte au nom soi-disant
du progrès, ont été des falsificateurs de ce dernier.

En revanche, toute activité humaine (comme
toute activité de toute espèce vivant sur la planète) a des conséquences qui peuvent être négatives. Ce qu'il faut, c'est que grâce au progrès (le
mieux), cette activité pour la vie et pour une amélioration matérielle nécessaire pour que les plus
pauvres sortent de leur condition matérielle précaire (le plus), soit la moins néfaste pour la communauté humaine.

C'est pourquoi, les progressistes, les vrais, sont
des humanistes. Ils considèrent que l'on peut

améliorer sans cesse la condition humaine et que cette amélioration n'est pas uniquement matérielle, voire ne l'est pas du tout dans bien des domaines qui font que l'existence des individus soit digne et respectée, intéressante et accomplie. De même, ils adhèrent à une croissance économique responsable (ce qui est loin d'être le cas actuellement), c'est-à-dire celle qui, grâce aux progrès technologiques, peut améliorer la condition matérielle des populations sans être dans le gaspillage et la destruction mortifères. Et, s'ils abondent dans le sens de Victor Hugo qui estimait que «le progrès, c'est le pas même de Dieu», ils font leur cette sentence lucide d'Albert Einstein, «le mot progrès n'aura aucun sens tant qu'il y aura des enfants malheureux.»

Oui, le progrès doit continuer au XXI° siècle parce qu'il est la gloire du genre humain et une nécessité pour que l'on améliore le monde et qu'il soit meilleur pour tous.

De la réalité

Qu'est-ce que la réalité?

La définition de la réalité est simple: c'est ce qui est. Mais il faut ajouter immédiatement que pour nous c'est également ce que l'on croit qui est réel et ce que l'on analyse qui est réel (on ne parle pas ici d'un détournement de la réalité opéré sciemment afin de transformer celle-ci pour de multiples raisons afin d'en tirer un avantage).

Il faut donc parler de réalité perçue qui est constituée de ce qui est ainsi de ce que l'on affirme avec honnêteté intellectuelle ce que l'on croit et donc que l'on affirme qui est «objectivement», objectivement étant entendu ici comme une tentative de rapporter de la manière la plus neutre possible cette réalité.

Même si nous tentons de rapporter le plus fidèlement possible cette réalité avec le maximum d'honnêteté, nous ne devons pas oublier que notre cerveau analyse en temps décalé (d'une à deux secondes) ce qui se passe et en fonction d'une grille interprétative qu'il a construit au fil du temps, par exemple, pour pouvoir identifier des événements en les déterminant par rapport à des types précis qu'il a préenregistrés. Bien entendu, nous pouvons corriger cette interprétation si une réflexion plus poussée nous permet de percevoir que nous nous sommes trompés ou que nous avons partiellement analysé tel ou tel fait. De même, notre cerveau peut être trompé comme le prouve les tours des prestidigitateurs mais nous pouvons souvent procéder à une rectification grâce à nos capacités cognitives et à la possibilité de reconstituer une réalité débarrassée de certains des éléments qui l'ont parasitée.

Il n'est pas question de parler physique et des controverses à propos de la physique dite classique et de la physique quantique avec tous les problèmes que cela pose à propos de la réalité. D'une part, je ne veux aborder que cette réalité qui nous entoure et qui, quelle que soit sa nature physique, existe bel et bien lorsque notre cerveau veut appréhender le réel qui l'entoure concrètement pour lui. D'autre part, mes capacités en matière de physique ne me donnent aucune légitimité pour faire des théories ou contredire certaines... Tout juste, je noterai en tant que néophyte assumé et revendiqué, que si la physique quantique «marche», on ne sait toujours pas très bien pourquoi comme le disait le physicien Richard Feynman, une des sommités en la matière: «Je crois pouvoir affirmer que personne ne comprend vraiment la physique quantique.» Quant à Einstein il affirmait que cette physique quantique n'était qu'une théorie «incomplète de la réalité». En outre, on ne comprend toujours pas pourquoi physique classique et physique quantique qui sont théoriquement antinomiques l'une excluant l'autre peuvent «marcher» en même temps et qu'elles sont toutes deux expérimentalement exactes. Ce qui démontre une seule chose: les physiciens ont du travail sur la planche pour nous proposer une théorie unifiée...

Acteurs de la réalité

Sommes-nous acteurs de la réalité? Bien entendu en tant que partie de la réalité, tout ce que nous faisons en crée. Ensuite, en agissant vis-à-vis de cette réalité que nous avons nous-mêmes crée, nous continuons à créer de la réalité. En interprétant la réalité plus large, nous agissons en rapport avec cette interprétation ce qui crée de la réalité. Or, cette interprétation n'est jamais exactement ce que la réalité est plus celle-ci est complexe.

Mais nous pouvons aussi créer de la réalité en la déniant. Si nous affirmons que quelque chose n'existe pas alors qu'elle existe, si nous affirmons que quelque chose existe alors qu'elle n'existe pas, si nous professons consciemment des mensonges et que nous agissons en fonction de ces trois comportements, alors nous créons de la réalité sur le déni conscient ou non de la réalité. On peut donc dire, au vu de ce que nous savons de l'impossibilité de connaitre réellement et complètement la réalité et de la manière dont nous triturons plus ou moins volontairement la réalité, que nous créons une «fausse» réalité qui devient une «vraie» réalité dans laquelle nous nous mouvons et qui, surtout, à des implications.

Si je nie le réchauffement climatique et qu'il existe, mon comportement est celui de quelqu'un qui estime n'avoir rien à faire pour l'empêcher ou l'aggraver ce qui n'empêche pas celui d'exister et d'empirer en partie à cause de mon déni. Ce déni de réalité crée une nouvelle réalité puisque j'agis sur la réalité en tant qu'acteur de celle-ci.

Ceci a évidemment des implications dans notre agir individuel et collectif, dans notre comportement individuel et collectif, dans notre volonté individuelle et collective. Cette création de «fausse» réalité et l'interprétation de la réalité se retrouvent évidemment dans la sphère de la communication et plus spécifiquement dans le savoir et l'information qui s'échangent entre les humains.

La réalité est-elle appréhendable?

Posons comme postulat qu'il existe une réalité, c'est-à-dire qu'il existe des faits qui se déroulent d'une certaine manière. Par exemple, X se trouve dans un endroit E en train de discuter avec Y. Rien de plus. Donc, il existe une réalité de cet événement. Le problème, si nous n'avons pas assisté à cette rencontre, est de savoir si nous pouvons connaître son exacte réalité ou si celle-ci nous est définitivement inaccessible. Le deuxième problème est de savoir s'il est important de connaître cette réalité.

La réponse à la première question est que la réalité totale est difficilement accessible. La réponse à la seconde question est qu'il n'est pas toujours important que nous la connaissions. Car, pour agir, nous devons essentiellement nous positionner par rapport à des archétypes que ces faits génèrent qui nous permettent d'appliquer nos valeurs morales indépendamment de la véracité de ceux-ci d'autant que nous ne pourrons jamais les connaître pour certains d'entre eux.

Prenons un exemple très sensible, celui des génocides. S'il est important de savoir si ceux-ci se sont réellement déroulés, n'est-il pas plus important que nous affirmions que, quelque soit la véracité de tel ou tel génocide, nous soyons révoltés contre leur survenance et que nous luttions contre leur survenance. Dans ce cas, la véracité des faits est importante pour empêcher que ceux qui se produisent effectivement, continuent ou qu'ils puissent revenir. Mais, le plus important est que nous nous positionnions vis-à-vis du problème du génocide en général en le condamnant sans appel.

Déroulons cette thèse. Il est évident que de savoir ce qui se passe exactement dans notre environnement est important. Mais nous ne serons jamais capable de le savoir avec exactitude pour de multiples raisons dont la principale est que le système d'information (ici, entendu comme la réunion de tous les moyens de s'informer), dont le système journalistique au sens large, ne sont pas fiables, agissent par rapport à des idéologies ou des valeurs particulières, voire délivrent – sciemment ou non – de fausses informations. Mais cela n'est guère primordial pour élaborer notre vision de la vie. Car, ce qui est primordial est que nous puissions définir les valeurs qui sont le moteur de notre existence.

Bien entendu, la recherche de la réalité n'est pas inutile. Si nous connaissions exactement la véracité des faits, cela nous permettrait d'éviter de commettre des erreurs (notamment en condamnant des gens innocents et inversement) et d'avoir une plus juste représentation de la vie en pouvant agir toujours correctement sur la réalité vis-à-vis des valeurs que nous défendons.

Les multiples réalités

Je veux aborder très succinctement la question de la réalité, de sa perception et de son interprétation en ce qu'elle influe évidemment sur l'information citoyenne que nous recevons. La présentation ci-dessous ressort d'une théorie plus large que j'ai développé à ce sujet mais qui va au-delà de la problématique discutée ici.

Il y a une réalité, ceci est une évidence indiscutable. Nous sommes confrontés à celle-ci. Nous l'interprétons, individuellement et collectivement. A partir de cette interprétation, nous créons sans cesse une réalité biaisée par notre vision personnelle et collective de la vraie réalité. Mais, paradoxe indépassable, cette réalité biaisée devient une nouvelle réalité puisque nous nous basons sur notre interprétation de la vraie réalité pour nous fabriquer une réalité qui permet de nous fabriquer une vision de cette réalité. Celle-ci nous permet ensuite de nous fabriquer une explication de cette réalité puis de nous fabriquer un savoir par rapport à cette réalité afin, in fine, de nous mouvoir dans la vie. Donc cette réalité transformée uniquement par notre perception et notre interprétation de la vraie réalité devient elle-même une vraie réalité en ce que cette interprétation implique des actions concrètes dont elle est la base.

Nous créons donc sans cesse une réalité qui n'est pas la réalité mais qui le devient dès lors que nous agissons concrètement en nous référant à cette construction intellectuelle.

Cette fabrique de la réalité est personnelle (chacun se fabrique une réalité) ainsi que collective (il y a autant de fabriques de la réalité qu'il y a d'êtres humains sur cette planète et elle produit une vision collective dominante si l'on agrège ensemble les points communs de ces réalités) mais aussi une fabrication communautaire de la réalité (qui fonctionne au niveau institutionnel ou d'un récit collectif institutionnalisé).

En admettant qu'une des parties à cette perception et cette interprétation de la réalité soit capable d'appréhender exactement et sans aucun élément ajouté la réalité, celle-ci ne sera pourtant qu'une des interprétations de la réalité qui se confronteront, sans aucune prééminence, ce qui est assez ironique.

Exemple simple (par rapport à des exemples complexes). Si nous interprétons faussement le comportement d'un individu, nous réagissons face à ce que nous estimons ce qu'il est ou ce qu'il fait ou va faire, ce qu'il pense, etc. Cette erreur tout à fait normale puisque nous la reproduisons souvent par manque d'informations sur une situation que nous vivons, créée chez nous un comportement en regard de ce que nous croyons être le comportement de cette personne alors que celui-ci est autre. En agissant ainsi par rapport à quelque chose que nous interprétons et qui peut même ne pas exister réellement, nous créons une nouvelle réalité sur laquelle s'agrègent de nombreux faits et actes à partir de cette création, initiant une nouvelle situation réelle qui pourtant ne s'appuie sur rien d'autre de réel que notre interprétation de la vraie situation réelle.

Si on applique cette constatation au monde de l'information citoyenne, celle qui est sensée donner les outils aux individus pour vivre leur vie et faire leurs choix en toute liberté, capacité et responsabilité, on s'aperçoit que nous agissons par rapport à une réalité maintes fois interprétées dont la dernière interprétation est la notre et nous pousse à agir de telle ou telle manière. On comprend dès lors toute la difficulté d'informer mais aussi toute la difficulté d'être informé du mieux possible en décodant autant que faire ce peut ce flux d'information tout en n'ayant pas les moyens de connaitre la vraie réalité, ni, surtout, de l'avoir vécue directement.

Tout cela doit nous rendre évidemment d'une grande vigilance et d'une grande prudence en tentant systématiquement quand il s'agit d'informations importantes pour notre vie de tenter de les comprendre, de les discuter et de les interpréter du mieux possible pour notre profit. Ce n'est évidemment pas possible à tout instant et pour toute information mais cela n'aurait pas de sens non plus de nous arrêter sur chaque information que nous recevons, en l'occurrence venue des médias et autres médiateurs constitués (pouvoirs publics, entreprises commerciales, partis politiques, groupes de pression, etc.), au risque de tout mélanger – qu'elle soit vraie ou fausse –, entre le futile et l'important et de nous mettre dans un état de grande confusion.

Nous transformons le réel

Parce que nous sommes des êtres doués constitutionnellement d'émotions et d'affectif nous transformons le réel. Ce sont nos capacités émotives et affectives qui nous font transformer immédiatement le réel. C'est cette dualité irréductible de l'être humain de vivre le réel et de le transformer qu'il faut avoir à l'esprit quand on parle de la réalité des choses ou de «vérités». C'est la même démarche à laquelle nous devons procéder devant une information que nous recevons à propos de son «objectivité» puisqu'elle a été retranscrite par le ou les médiateurs à partir d'émotions personnelles.

Doit-on parler de «réalité» ou de «vérité»?

Dans un monde depuis toujours dominé par l'opinion, la conviction, l'esprit partisan et un certain hubris où l'individu souvent croit qu'il sait alors qu'en réalité il ne sait pas ou, plus grave, sait faux, nous devons tout faire pour que l'on dise les choses telles qu'elles sont et non telles qu'on voudrait qu'elles soient. Beaucoup de gens emploient pour caractériser cette situation le terme de «vérité». Pour ma part, j'ai une préférence pour la réalité.

La «vérité» est définie par le CNRTL (Centre national de ressources textuelles et lexicales du CNRS) comme une «connaissance reconnue comme juste, comme conforme à son objet et possédant à ce titre une valeur absolue, ultime». De son côté, la «réalité» est caractérisée par le même organisme comme «ce qui existe». La différence est que la vérité fait appel à des valeurs parce que ceux qui la disent affirme connaître l'absolu de ce qui est au-delà de sa manifestation alors que la réalité n'est que la constatation de ce qui est.

Dès lors, la réalité précède toujours la vérité car sans établissement de la réalité, pas de vérité possible. Car, la réalité est, pour le CNRTL «ce qui constitue le monde de l'humain», l'«environnement concret et matériel de l'humain». Ajoutons que, selon le même organisme, le réel est ce «qui existe, qui se produit effectivement, qui n'est pas un produit de l'imagination», «qui est tel qu'il est» ou comme le définit le Robert, «les choses elles-mêmes». Rien ne peut interférer dans la réalité, elle est.

De son côté, la vérité a besoin d'être reconnue comme juste avant de pouvoir être considérée comme une valeur absolue. La vérité est en effet la tentative d'expliquer le réel, donc de signifier ce qui est et non seulement de le dire, de relier certains éléments de ce réel pour démontrer et expliquer la réalité. La vérité prétend donner un sens à la réalité.

Dès lors, on comprend bien qu'il ne peut y avoir qu'une seule réalité et qu'il peut y avoir un nombre important de «vérités» puisque chacun peut en construire une à partir de la réalité mais en y ajoutant d'autres choses.

En revanche, il y a bien une Vérité avec un grand V mais celle-ci ne nous est pas accessible, à nous humains. Seul Dieu, s'il existe, en est le détenteur (ou la mémoire de l'univers, aussi difficilement interrogeable que le premier pendant notre existence terrestre…). «Dieu» est ainsi le seul à posséder le saint-graal qui excite tant la communauté scientifique depuis toujours dans une recherche chimérique, notamment les physiciens, la fameuse équation qui expliquerait le tout.

De même, on cherche la vérité (ce qui implique que notre culture personnelle interfère largement pour y parvenir) alors que la réalité est (même si, bien entendu, nous devons travailler à l'établir mais, une fois établie, elle n'est pas parasitée par nos valeurs personnelles). On peut d'ailleurs placer la Vérité au-dessus de la réalité alors que la vérité, elle, est contingente du réel. La première définit la réalité alors que la deuxième tente de lui donner un sens.

Ayant dit cela, on comprend bien qu'il vaut mieux se fier à quelqu'un qui dit la réalité plutôt qu'à quelqu'un qui prétend détenir la vérité (même si, pour certains, la vérité et la réalité seraient des synonymes, proposition que je ne partage pas, on l'a compris).

Cela peut paraître un débat un peu superfétatoire et une sorte de masturbation intellectuelle mais ce n'est pas du tout le cas. D'abord parce que les philosophes et les scientifiques ont noirci tant de pages à savoir ce qu'était la vérité (et la Vérité, ici, rejoints par les théologiens) que l'on ne peut écarter d'une main cette problématique. Ensuite, dire les choses, bien définir de quoi l'on parle, c'est essentiel pour une communauté humaine dont une des principales caractéristiques sociales c'est la communication. C'est aussi replacer la situation actuelle qui est de plus en plus gangrénée par la propagande, les théories du complot, les infox (fake news), la post-vérité, les faits alternatifs, les fausses équivalences, etc. – le tout sur fond d'une information qui n'est plus seulement de l'«infotainement» ou qui utilise le marketing mais bien une simple technique marketing pour s'attacher des consommateurs d'information (à qui on parle de ce qu'ils veulent qu'on leur parle et à qui on dit ce qu'ils veulent entendre notamment grâce à l'instrument du sondage et diverses autres enquêtes publiées ou non) – dans un cadre plus large de réflexion mais aussi dans un cadre historique où l'on s'aperçoit que la manipulation de la réalité a toujours existé et que des personnes comme César, Napoléon et bien d'autres ambitieux narcissiques ayant dirigé le monde ont raconté leur «vérité» au mépris total de la réalité.

La réalité, donc, est l'outil irremplaçable qui permet à tout humain, tout individu, toute personne, tout citoyen de savoir dans quel monde il vit, donc de pouvoir en prendre, sinon la mesure, en tout cas la connaissance et le fonctionnement, afin de pouvoir construire son projet de vie du mieux possible et être en capacité du mieux qu'il le peut de le mener à bien et de la réussir tout en prenant ses décisions et en appliquant sa volonté avec la plus grande efficacité possible au regard de celui-ci. Savoir la réalité, pouvoir vivre dans le réel sont donc d'une importance primordiale pour un individu dans une démocratie républicaine parce que c'est cela qui lui permet de pouvoir devenir et être une personne libre dotée de droits et de devoirs, responsable de ses actes, à la fois, pour en répondre mais surtout pour pouvoir prendre librement les décisions qui vont impacter son présent et son avenir.

On comprend aussi quelle est l'importance de pouvoir avoir accès à cette réalité, c'est-à-dire à pouvoir s'informer du réel par tous les outils de communication à sa disposition. C'est la raison pour laquelle l'ensemble du système de la transmission du savoir constitué par la formation et l'information est un des fondements d'un citoyen éclairé. Pour ce faire, les démocraties républicaines ont mis en place un service public de la formation (enseignement) important. En revanche, même s'il existe également un service public de l'information, celui-ci ne fait souvent pas le poids face au secteur privé, ce qui est malheureux. De même, ni le service public de la formation, ni celui de l'information ne répondent à des critères d'impartialité suffisants pour être ce qu'ils devraient être, des outils qui permettent à l'individu de construire son individualité dans un savoir libéré au maximum de toute opinion extérieure qui le parasite.

Même si l'on comprend que cela est quasiment impossible d'éliminer toute opinion dans la transmission du savoir, il est, en revanche, possible de nettement améliorer ce qui existe actuellement. Et ce n'est qu'à ce moment là, quand tous les individus sans exception pourront avoir accès à ce savoir s'appuyant sur le réel et qu'ils pourront l'utiliser (dans leur capacité et dans son existence) qu'enfin on pourra parler d'un citoyen réellement éclairé et émancipé.

Refus du réel, réformisme et conservatisme: changer le monde sans changer de monde

L'art du politique, c'est de concilier le désirable avec le possible.
(Aristide Briand)

Dans sa fable intitulée «Les quatre réformateurs», l'auteur de «L'Ile au Trésor» et de «Doctor Jekyll and Mister Hyde», Robert Louis Stevenson, conclut que pour réformer réellement le monde, il faudrait supprimer… l'humanité! On le voit, le débat sur la difficulté de la réforme en politique ne date pas d'aujourd'hui et, au risque de détruire des images d'Epinal sur la «permanence» supposée des temps anciens et l'immobilisme de leurs dirigeants, la volonté de réformer a toujours existé. Rappelons, par exemple, que Richelieu se heurta à de multiples oppositions lorsqu'il voulut dépoussiérer l'Etat français en profondeur ce qui laissa inachevée sa volonté d'édifier une machine administrative moderne.

Au vu de l'impossibilité de cette action radicale prônée par l'écrivain écossais qui, il faut en convenir, éviterait bien des blocages, nous devons nous questionner sur ce qu'est la réforme, sur sa nature, sur sa nécessité sociale, sur sa réalité. Mais nous devons aussi nous interroger sur le fondement même de la légitimité de la réforme. Plus important, la réforme n'est pas la solution miracle. Ainsi, réformer n'est pas un bien en soi et conserver n'est pas une tare rédhibitoire.

Ce constat banal et de bon sens implique que nous répondions à cette question: que faut-il réformer et que faut-il conserver? Qu'est-ce qui doit être changement et qu'est-ce qui doit être permanence? Le manque de réflexion globale des politiques à ce sujet amène actuellement à des situations explosives. Et pour tenter de les désamorcer, fleurit, de tous côtés, une démagogie qui s'apparente à une lâcheté qui, tôt ou tard, mène à des impasses.

Tout cela parce qu'il ne faudrait pas effaroucher les Français qui seraient, soi-disant, viscéralement contre la réforme et génétiquement incapables de regarder en face et lucidement la situation de leur pays. On ne peut nier, c'est vrai, que les Français sont souvent dans le déni du réel en adoptant des comportements que l'on peut qualifier parfois d'aberrants. Jean-Marie Le Pen au second tour de la présidentielle de 2002 (et sa fille au second tour de celle de 2017), le non à la constitution européenne, la mobilisation contre le CPE, la crise des gilets jaunes sont autant d'exemples récents de manifestations d'une résistance au changement et du refus du monde qui nous entoure.

Cependant, dans une sorte de schizophrénie collective, nombre de sondages montrent que les Français sont très majoritairement conscients qu'il faut réformer. Ils estiment même que les réformes sont urgentes! Mais dans quel sens voient-ils ces réformes? Tout est là. Reconnaître qu'il faut plus de flexibilité dans le monde du travail est courageux et responsable. Demander que toutes les protections sociales soient conservées voire augmentées laisse plus dubitatif.

Quoiqu'il en soit, cet apparent paradoxe mérite d'être pris en compte car, dans notre démocratie moderne, il ne suffit plus que le gouvernement gouverne et le parlement vote la loi, il faut aussi tenir compte de l'opinion publique et, surtout, de son évolution quasiment au jour le jour qui peut être déroutante. Est-ce un bien ou un mal? Tout dépend de la réelle profondeur de ces mouvements d'opinion et de l'état d'information des citoyens lorsqu'ils s'expriment sur tel ou tel sujet.

Cette mise sous tutelle, voire cette neutralisation, de la décision politique par l'opinion publique peut être dangereuse puisqu'elle est susceptible d'engager, à la fois, le présent du pays et son avenir. Elle l'est d'autant plus que l'opinion publique peut s'exprimer sans aucune retenue puisque, comme nous ne sommes pas dans un système de démocratie directe, elle est par définition irresponsable, son pouvoir n'étant pas institutionnalisé. Sa responsabilité éventuelle ne sera engagée que devant l'Histoire. Autant dire qu'il sera trop tard pour éviter ses possibles conséquences négatives…

Les citoyens sont aujourd'hui attachés à un confort où les clivages droite-gauche ne jouent pas pour les séparer sur ce terrain. Peu de gens veulent en effet moins de protection sociale, moins de sécurité, moins de guichets à la poste, etc. Nous sommes dans une société où la demande de sécurité et d'assistanat est d'autant plus importante que l'offre est plus importante qu'auparavant grâce au formidable enrichissement de nos sociétés.

Revenir en arrière ou tout simplement figer les choses semblent impossible. D'autant que les gens n'ont plus confiance en l'avenir. Si demain n'est pas meilleur qu'aujourd'hui, pourquoi prendre des risques? Il s'agit donc, pour réformer, de proposer une alternative et une vraie espérance. Mais, devant tant d'espoirs déçus, il est sûr que les citoyens ne sont pas prêts à se lancer dans le vide sans que les résultats précèdent leur changement de vision et l'évolution de leur position. C'est donc à une certaine quadrature du cercle que nous sommes confrontés…

Mais revenons au réel. Pour pouvoir agir efficacement, le politique doit reconnaître son existence. Une de ses missions est de partager ce savoir sur le réel avec la population. Ce partage est une part importante de sa responsabilité politique. Il doit aussi savoir et faire savoir ce qui est modifiable de ce qui ne l'est pas.

Ce réel se confronte d'abord aux demandes des citoyens. Celles-ci sont évidemment paradoxales et contradictoires. Chaque électeur demande plus pour lui et moins pour les autres avec des exigences inconciliables (plus de services publics et moins d'impôts, par exemple). Ce réel se confronte ensuite aux promesses des politiques, promesses faites en réponses à ces demandes. Promesses qui peuvent être sincères mais qui ont aussi pour but de fidéliser une clientèle en la flattant et ce, au-delà de toute innovation et, plus grave, de toute responsabilité. Cette façon d'agir se retrouve aussi dans les médias. Alors que les politiques devraient former les citoyens et les journalistes les informer, on se retrouve devant une configuration avant tout «clientéliste»: les politiques parlent à des électeurs, les journalistes à des lecteurs. Le lien n'est pas civique mais commercial. Dès lors, «vendre sa soupe» est plus important que d'éveiller une conscience politique. Ce réel se confronte aussi aux possibilités des politiques, à leurs capacités et leurs marges de manœuvres pour agir sur ce réel et le modifier par rapport à la demande de leurs électeurs.

Enfin, ce réel se confronte à la transcendance. Car la politique doit également insuffler un idéal et donner de l'espoir (à ne pas confondre avec la démagogie !). Cette dimension – ajoutée aux mythes et aux rituels nécessaires à la cohésion sociale – vient souvent (mais pas toujours) en contradiction avec le réel. Nous avons besoin de mythes fondateurs, de rêves d'espérance. Nous avons besoin de transcendance. C'est ce qui nous fait agir, nous, les êtres humains. C'est pourquoi il est urgent, entre le principe de réalité, les demandes des électeurs et les promesses des politiques, de trouver un dénominateur commun pour que les promesses s'inspirent du principe de réalité ainsi que les demandes – souvent contradictoires – des électeurs.

Ce dénominateur commun, que l'on pourrait appeler un « idéal pragmatique », doit être élaboré démocratiquement. Il doit prendre en compte le réel en essayant de remédier aux dysfonctionnements de la société par des améliorations et, quand c'est possible, par des réformes. De même, il doit s'attacher à préserver du mieux possible ce qui fait consensus avec le souci constant de demeurer dans la réalité. Pour appliquer les mesures qui en résulteront avec le moins de démagogie possible, il faut des politiques courageux et responsables. Alors, et seulement alors, le cercle pourra redevenir un cercle vertueux!

En résumé, pour savoir ce que nous pouvons réellement réformer, ce que nous devons changer et ce que nous devons garder, nous devons constamment en revenir au réel. Néanmoins, toute politique cohérente et réaliste, mêlant le plus efficacement possible conservatisme et réformisme, doit prendre en compte l'aspiration humaine à la transcendance, aspiration qui permet de réunir les énergies et d'avancer. Il faut donc poser toutes les questions sur la place publique avant de dégager un consensus.

Cependant, tant que les politiques ne s'appuieront pas sur le réel et n'en feront pas un élément central de leur action politique, il ne peut y avoir de politique efficace. Cela ne signifie pas qu'il faille complètement évacuer la part de rêve de la politique. Mais ce rêve ne peut remplacer la réalité au risque de provoquer de graves crises à périodes répétées.

In fine, au-delà du constat de ce monde, au-delà de la pensée politique, il y a l'action. Car, quel que soit le constat, quel que soit l'idéal, ceux-ci doivent se matérialiser dans l'action qui tendra vers l'idéal contre le constat – mais pas sans l'avoir fait – parce que la politique, c'est se confronter au réel afin de l'améliorer par rapport à son idéal. Et ce, quel que soit le résultat de l'action.

Cette action politique doit permette de bien gouverner. Et bien gouverner, c'est avoir des valeurs et prendre en compte la réalité pour agir avec les unes sur l'autre.

L'action politique véritablement efficace est un mélange étudié de réformes et de conservation dans le cadre d'une analyse du réel et de sa prise en compte. Parce que le monde est permanence, parce que le monde est changement, parce que le monde est tel qu'il est. Cette vision de l'action politique peut sembler manquer de panache mais elle est la plus courageuse. Point de rhétorique mensongère, point de promesses intenables, point de populisme enflammant. Non, juste une volonté de bien gouverner pour le bien de tous. Y a-t-il un politique prêt à relever ce défi du courage et de la volonté ?

La réalité ne s'enferme pas, en effet, dans les promesses. Dès lors, il faut s'interroger sur les programmes politiques électoraux. Promettre des choses intenables peut éveiller une dynamique. Cependant, celle-ci retombe très vite et alimente le ressentiment des citoyens et leurs visions du «tous menteurs» et «tous pourris». Ne vaut-il pas mieux définir une ligne de conduite s'appuyant sur des valeurs fortes et une morale politique, ligne de conduite qui peut alors se confronter à la réalité et à ses fluctuations sans manquer à sa parole? Une ligne de conduite qui pourrait prendre comme formule celle, fameuse, du président américain Andrew Jackson, «Droits égaux pour tous, privilèges pour personne».

Nous serions alors dans la revalorisation du politique et dans l'action politique courageuse. Car, comme l'écrit le philosophe Clément Rosset, «Il est beaucoup plus difficile – et surtout plus courageux – d'améliorer le monde que de le jeter, tout entier, aux cabinets».

Quelques réflexions sur la réalité et le réel

- Nous vivons dans une fiction réelle où la réalité sert à construire une fiction, celle que je vis individuellement et celle que nous vivons collectivement. Ainsi, nous vivons dans un monde où tout est interprété et reconfiguré par nos soins.

- Je connais ce que je vois, ce que j'entends, ce que je ressens. Comme ce que je ressens est subjectif, ce que je vois et ce que j'entends l'est aussi. Toutes les autres choses qui m'informent comme la lecture sont des connaissances subjectives des autres. Dès lors, le monde ne m'apparaît que subjectivement et jamais objectivement même si ma recherche est de me retrouver le plus près d'une vue objective sans jamais y parvenir.

- Prendre la réalité comme argent comptant est très puéril. Il faut constamment réinterroger la réalité, la comprendre, l'expliquer, l'analyser.

- La réalité n'est-elle pas en elle-même qu'une simple base, à la fois, parce qu'elle n'est guère véritablement appréhendable et parce que celle-ci est toujours et immédiatement interprétée. Il n'y a donc que des interprétations de la réalité.

- Nous pouvons évaluer et interpréter la réalité mais ne jamais la connaître car cela supposerait que nous connaissions tous les tenants et les aboutissants de toute action, de tout fait et de toute situation et ceci est bien évidemment impossible.

Processus d'interprétation & de transmission de la réalité

(qui crée une nouvelle réalité qui s'ajoute à la réalité et crée de ce fait de la réalité que cette interprétation et cette transmission soient justes, fausses ou biaisées)

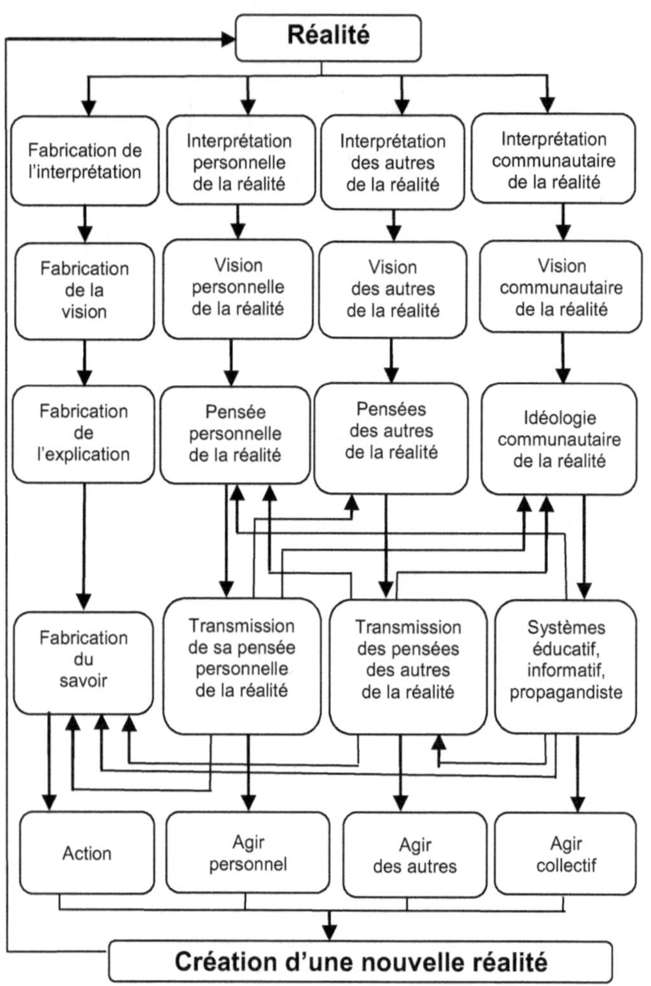

- Comment lire le tableau avec un exemple: la pensée personnelle de la réalité vient d'abord de l'interprétation que chacun fait de la réalité et dont sera directement issue la transmission personnelle de la réalité pour le comportement individuel et pour la transmission que chacun fait aux autres et à la communauté et qui participe à la fabrication du savoir, le tout créant une nouvelle réalité qui s'ajoute à la réalité globale puisque chaque agir individuel, indépendamment de la vraie réalité, crée de la réalité; mais cette pensée personnelle est évidemment impactée par la transmission de la pensée des autres ainsi que par les systèmes éducatif, informatif et propagandiste qui participe ainsi à son élaboration.

- Notre interprétation de la réalité crée une nouvelle réalité que nous interprétons et qui crée une nouvelle réalité qui interfère à chaque fois avec la réalité objective et ainsi de suite dans un mouvement perpétuel. Il y a donc superposition d'une réalité objective et d'une réalité créée par notre interprétation de la réalité objective.

- La pensée des autres inclus celles de tous les individus mais aussi celles de groupes organisés ou non comme la famille, les amis, les collègues de travail, etc.

- L'agir comprend la parole et les actes.

- La pensée communautaire est celle d'un groupe élargi comme celui d'un pays (qui contrôle généralement les systèmes éducatif, informatif et propagandiste) mais on y peut rajouter celui de l'Humanité tout entière ou de groupes entre celui d'un pays et de l'Humanité dans certains cas

Nous vivons dans une fausse réalité qui crée un monde réel

Nous vivons dans une fausse réalité qui crée un monde réel. La présentation des choses – notamment par les informations délivrées par les médias – nous fait vivre dans un monde qui, souvent, n'est qu'une représentation biaisée, imparfaite, voire fausse de la réalité. Et, paradoxe ultime, cette fausse représentation ne crée-t-elle pas un monde bien réel, celui où pense vivre une majorité de gens? Car, alors, les comportements et les visions des gens, eux, sont bien réels. Pourtant, si nous pouvions appréhender la réalité de manière quasi-systématique, sans doute que le monde ne serait pas le même et que, sans doute, nous pourrions le rendre meilleur plus facilement.

De Jésus de Nazareth

Pour un «vrai» Jésus

Le petit Jésus était si mignon dans sa crèche entouré de sa maman et de son papa avec un ange au-dessus de lui et des gentils animaux pour le réchauffer. Sans parler de ces rois venus lui offrir des cadeaux somptueux. Et puis, n'était-il pas le copain du Père Noël avec qui il vivait dans le ciel, entourés de ces petits elfes si sympathiques et de ces rennes si adorables. Grâce à lui, les 25 décembre sont des jours de fête. Un vrai conte de fées... Pour un enfant, cette représentation de Jésus est un bonheur. Mais, lorsque cette représentation devient dominante dans la population, quand beaucoup de ceux qui vont à la messe n'ont pas lu le Nouveau Testament et donnent quelques pièces à Saint-Antoine ou à d'autres saints pour que leurs vœux soient exaucés, quand une religion invente des dogmes et interprète un message en prétendant être la seule capable de le décrypter, les affaires deviennent plus sérieuses et plus graves. Car, pour Jésus, nul besoin de conte de fées ou de dogmes fumeux. Il y a un message qui, s'il était vraiment diffusé avec l'honnêteté requise, proposerait aux êtres humains une vraie nouvelle vie sur terre en attendant, pour ceux qui ont la foi, une vie après la mort. Revenir au message de Jésus par dessus les religions qui l'ont instrumentalisé sans vergogne, voilà l'important.

Si l'on parlait, donc, du «vrai» Dieu du «vrai» Jésus? Il ne s'agit pas ici de refaire ou remodeler le Dieu de Jésus et Jésus lui-même mais de parler simple et concret, de (re)venir à l'essence même du message de Jésus. Pourquoi? Tout simplement pour que la religion chrétienne remplisse enfin le rôle social qu'elle doit remplir, qu'elle soit à nouveau – et sur des bases réelles – proches des gens et non pas un système de pensée qui tourne sur lui-même et qui invente toute une série de références fausses et dogmatiques pour que les églises qui la représentent puissent survivre en tant qu'organisations. Et ceci est vrai pour la religion dit «chrétienne» (terme impropre par excellence puisque Jésus ne s'est jamais désigné comme Christ!) mais également pour les autres religions.

Lorsqu'on parle de fonction sociale de la religion, cela signifie que la religion chrétienne, par exemple, au-delà de la foi en un Dieu et d'une vie après la mort, doit être avant tout une somme d'idées qui puissent expliquer plus ou moins le monde dans lequel on se trouve et indiquer quelles est la meilleure façon d'y vivre. En cela, la religion pour être «moderne» à toutes les époques, donc pour être ce qu'elle doit être toujours, c'est-à-dire proche des gens, doit pouvoir donner une grille de lecture et une grille comportementale à ceux qui veulent s'y rattacher. Car à quoi sert-il de croire en Dieu? Derrière cette question en forme de provocation, il est important de définir à la fois le pourquoi de croire mais aussi le pourquoi de croire au Dieu de Jésus. Croire n'est pas seulement expliquer nos origines et produire une représentation eschatologique, c'est-à-dire décrire ce qui se produira après la mort. C'est aussi une question de sens. Mais une question de sens de l'être humain en tant que tel et de l'agir de l'être humain. Dans ce dernier cas, il est évident que toute croyance en un être suprême caractérisé impose une manière d'agir. Dès lors, si le Dieu de Jésus est Amour, si le message de Jésus est un message d'Amour, alors, concrètement, l'agir d'une personne croyante doit être guidé par l'Amour.

L'entreprise est de rappeler la puissance humaniste du message de Jésus et donc de son Dieu, car c'est bien là l'importance de ce message même s'il ne faut jamais passer sous silence la problématique difficile de certaines paroles ou certains actes de Jésus qui pourraient sembler obscurantistes de nos jours.

In fine, nous n'avons évidemment pas besoin d'une religion pour croire en un Dieu et en nous référant à un message (comme celui de Jésus) ou à de multiples pour cette croyance. Mais il est dommage qu'aucune religion ait réussi à n'être autre chose qu'une idéologie fermée qui emprisonne l'humain autour de dogmes au lieu de lui insuffler une force et une dynamique propre à le libérer pour qu'il soit amour.

Pour un message jésuen

Tous ceux qui prétendent que la religion basée sur le message de Jésus est en décadence ou est morte comme son Dieu, n'ont guère plus compris les choses. D'abord, la religion basée sur le message de Jésus n'a sans doute jamais existé! Très tôt, grâce à des théoriciens dogmatiques comme Paul de Tarse (Saint-Paul pour l'église) et d'autres encore plus réactionnaires, le message a été transformé en une aliénation sociale. Admettons par exemple que Jésus ait demandé aux esclaves de ne pas se révolter contre leurs maîtres ainsi que l'affirme péremptoirement Paul de Tarse. Mais n'a-t-il pas dit aussi que personne ne pouvait avoir un droit sur une autre personne? Donc, il n'y a pas besoin que les esclaves se révoltent puisque les maîtres ne doivent plus exister. Mais pour qu'ils n'existent plus, c'est bien une nouvelle organisation sociale qui doit être mise en place. Donc, ni Dieu, ni Jésus ne sont en décadence, seules les religions qui prétendent les représenter le sont et, d'un certain côté, il ne faut pas s'en plaindre. D'un autre, il ne faut pas jeter le discrédit à tout l'édifice. Non seulement des choses positives ont pu en sortir mais le principal bienfait de ces églises c'est d'avoir pu permettre de transmettre le message de Jésus, sans doute souvent contraintes et forcées de ne pouvoir changer les mots du Nouveau Testament mais ne se privant pas, en revanche, de leur donner le sens qu'elles voulaient.

Il s'agit donc de recadrer la dimension sociale de la religion et, en l'espèce de la religion chrétienne, de sa place dans l'organisation de la société, de la vie de tous les jours et comme base d'un certain nombre de valeurs. Et ceci indépendamment de la croyance et de la foi en Dieu et de la croyance et de la foi en la dimension de Jésus, sauveur des êtres humains. Non pas que l'on puisse déconnecter les deux, dimension sociale de la religion et foi puisque la religion s'établit sur la foi. Mais il s'agit de montrer que si l'on a la foi (ou bien que l'on peut être compagnon de route de cette foi sans la partager), il existe une dimension sociale de celle-ci qui a été complètement dévoyée jusqu'à aujourd'hui et que le message véhiculé par Jésus est un vrai message révolutionnaire (non pas brun, rouge ou noir mais révolutionnaire au sens étymologique: changement de société).

Si nous voulions vraiment partir sur une base non-équivoque, il faudrait abandonner le terme de «chrétien» puisque, comme nous l'avons dit, Jésus ne s'est jamais autoproclamé Christ et que Dieu n'a rien fait savoir dans ce domaine. Il serait plus approprié de parler de «jésuen». Mais, pour la clarté de notre exposé nous serons amenés à parler de chrétien et de «chrétienté», etc.

Or donc, Jésus a parlé et a agit. Et comme ont pu le dire de nombreux observateurs et théologiens, il a parlé comme il a agit et inversement. Sauf que nous ne savons pas s'il a vraiment dit ce que les Evangiles ont écrit et fait ce qu'ils prétendent qu'il a fait. Cette question partage depuis deux mille ans les exégètes, chercheurs et théoriciens en tout genre. Evidemment, pour chacun d'eux, il s'agit de présenter une nouvelle thèse. Il ne faut pas se préoccuper outre mesure de ce problème à un détail près. Lorsque Jésus parle et agit a contrario de ce que veulent démontrer les Evangiles, il semble bien que la véracité ne peut être mise en doute. Lorsqu'il agit et parle d'une manière trop proche du message que l'évangéliste a voulu délivrer, nous devons être plus circonspects. Mais, sur le fond, cela ne change pas le message et son caractère révolutionnaire et moderne pour toutes les époques.

Quelques idées et réflexions sur Jésus

- Actuellement, tout le monde, des catholiques aux juifs en passant par les protestants, les athées et autres, fait une focalisation sur le fait que Jésus était juif et que son Dieu était le Dieu des Juifs. Bravo, si l'on considère que cette affirmation rapproche les religions et les peuples, lutte contre le racisme et l'antisémitisme. Mais enfin, quelle importance de savoir si Jésus était un juif? Il a créé, malgré les efforts désespérés des conservateurs, une nouvelle vision de la vie, donc une base pour une nouvelle religion. Pour donner un caractère nettement conservateur à la figure de Jésus, ces mêmes chercheurs conservateurs – souvent évangélistes ou proches du dogme catholique et, à l'inverse, proches de l'athéisme, ce qui n'est qu'un faux paradoxe – veulent réduire Jésus et son message (ou une grande partie de celui-ci) a un rappel de la loi juive, à une vision purement judaïque de la vie. Si personne ne peut nier l'évidence, Jésus est au départ un juif (sauf si l'on considère qu'il est l'envoyé de Dieu, c'est-à-dire un être surnaturel dans son essence si ce n'est dans sa forme, car, alors, il n'est d'aucune religion, d'aucun peuple, d'aucune race, etc.), cela n'engendre pas systématiquement qu'il ne parle que pour les juifs. Car, à considérer cette thèse, nous devrions affirmer que toute personne qui appartient à une communauté ne parle que pour celle-ci. Ainsi, tous les philosophes grecs ne parlaient que pour leurs cités respectives, Marx ne parlait que pour les juifs allemands, Rousseau pour les protestants genevois et Voltaire que pour les Français, etc., etc. Car, être juif, c'est appartenir à un peuple, c'est une nationalité avant d'être une religion. Dès lors, être juif (israélien à l'heure actuelle), français ou allemand ne vous condamne pas à ne parler que pour votre communauté ou, même si vous le faites, à restreindre définitivement votre message et nier son universalisme. La volonté d'affirmer avec tant de force que Jésus était un Juif est, bien évidemment, une résultante de l'histoire malheureuse de l'Humanité qui a persécuté ce peuple de manière intolérable. Mais, elle n'a guère d'autres justifications. Donc Jésus était d'abord et avant tout lui-même, comme n'importe quel individu est lui-même et cela suffit amplement à le caractériser.

- Certains ont voulu nier l'existence de Jésus. Aujourd'hui, plus aucun chercheur sérieux ne le fait et l'on plus trouve encore que quelques hurluberlus pour le prétendre en se basant sur le peu d'informations directes que l'on possède sur lui pour affirmer qu'il n'est qu'un mythe. Savent-ils que pour d'autres personnages dont ils ne mettent pas en doute l'existence, on en possède encore moins. Par exemple, Socrate qui n'a jamais rien écrit, qui nous est présenté par Platon dont nous ne possédons aucun écrit original... Cependant, même si l'on admettait que Jésus n'a pas existé, le message qu'on lui attribuerait ne perdrait pas de sa force. Nier l'existence de Jésus pour nier le message qui va avec est une supercherie lamentable. De même, quelle importance que Jésus soit Christ ou Dieu par rapport à son message? Celui-ci ne perd pas un iota de sa force...

- Jésus était-il le Christ ou Dieu? Cette question qui agite la religion chrétienne et ceux qui s'y confrontent n'a aucune espèce d'importance quant au contenu de son message. Disons que Jésus n'a jamais rien prétendu de tel... ni Dieu d'ailleurs! Donc, si le principal intéressé ne l'a jamais dit, si Dieu ne l'a pas dit, non plus, nous devons en conclure que Jésus était Jésus. Et, encore une fois, cela est amplement suffisant.

- Les Evangiles «officiels» – c'est-à-dire transformés en canon de l'église par la simple décision de quelques dignitaires de celle-ci, souvent pour démontrer ce qu'il y avait à démontrer selon eux –, au nombre de quatre, sont tous des présentations tendancieuses de la vie de Jésus car chacun s'adressait à une communauté précise qu'il voulait convertir. Ainsi, Matthieu s'adresse au Juifs alors que Jean s'adresse avant tout aux Romains et au monde hellénique de l'époque. Donc, chacun a voulu démontrer l'existence de références communes aux communautés auxquelles il s'adressait. Donc, à chaque fois que le message de Jésus «s'institutionnalise» pour aller dans le sens que cherche à démontrer l'évangéliste pour être en accord avec la communauté à laquelle il s'adresse, il faut être méfiant. Méfiant ne veut pas forcément dire que les paroles et les actes rapportés sont faux mais qu'il faut les prendre, au minimum, avec une certaine circonspection.

- Les églises chrétiennes ont fait un gros travail de propagande depuis le début de leur existence pour inventer des dogmes incompréhensibles pour le grand public et d'une construction douteuse comme la Trinité (qui a été échafaudée uniquement pour légitimer la construction selon laquelle Jésus est Dieu) mais aussi et surtout pour nous rabâcher un fait essentiel: Dieu et Jésus ne font pas de politique! Pourquoi autant d'acharnement à vouloir prétendre cela? Tout simplement parce que le message de Jésus est bien un message révolutionnaire (dont il n'y a pas a priori de sens caché, malgré les affirmations des adeptes du gnosticisme, puisqu'il s'adressait à un peuple peu éduqué) et que le Dieu de Jésus ne peut accepter l'organisation sociale telle qu'elle se présente depuis toujours. Voici d'ailleurs une des hérésies les plus étonnantes et, disons-le, amusantes de la chrétienté officielle. Nous avons un Dieu qui aime les humains, qui est Amour, un Jésus qui aime les humains et est messager de l'Amour, donc deux entités qui recherchent le bien des humains, qui leur expliquent comment se comporter dans l'existence avant de renaître à une nouvelle vie mais qui ne font pas de politique, qui ne s'intéresse pas à leur vie quotidienne! Quels étranges personnages qui prétendent se soucier du sort des humains mais qui n'ont aucune idée sur la manière dont devrait s'établir la société d'autant qu'ils affirment que tous les êtres humains sont égaux. Les contorsions des églises pour affirmer que Dieu ne faisait pas de politique (tout en prétendant pendant longtemps vouloir contrôler le pouvoir politique) sont pathétiques. Car, le message de Jésus est bien un message révolutionnaire au sens étymologique, c'est-à-dire que si nous mettions en place la société prônée par Jésus (car il avait bien une vue sur ce que devait être la société en demandant à chacun de se comporter d'une manière particulière, la somme faisant, bien entendu, les rapports sociaux), nous serions dans une autre société définitivement. Ce qu'à bien compris, par exemple, Léon Tolstoï.

- L'anarchie poursuit les mêmes buts que le message professé par Jésus. Le problème de l'existence de Dieu ne doit pas séparer de manière «artificielle» ces deux pensées, ces deux modes d'organisation de la société. En effet, que l'on croit en Dieu ou que l'on n'y croit pas, ne change pas le fait que le message originel de Jésus et l'anarchie sont les deux humanismes suprêmes, qui se fondent sur l'humain, sur l'individu (appréhender, notamment, dans sa relation de solidarité envers l'autre), sur la liberté, sur la communauté, sur l'amour du prochain.

- Le message de Jésus dépoussiéré des strates du dogmatisme religieux et de la réaction politique, réactualisé et régénéré et anarchisme dépoussiéré des strates d'un sectarisme obscurantiste et de ses parasites violents, réactualisé et régénéré doivent se fondre pour fonder une idéologie humaniste.

- Un homme, Jésus, a expliqué que l'Amour était la seule valeur qui permette aux hommes de vivre en paix et en harmonie. Peu de gens ont écouté son message en son temps. Puis, ses disciples l'ont déformé. Et les églises, institutions et organisations dogmatiques, l'ont confisqué. On en a vu les résultats...

- Jésus a apporté une philosophie de l'existence, admirable de sagesse, de bonté et d'Amour. Elle nous dit qu'il ne faut jamais accepter l'ordre établi, la société en place actuellement avec ses règles d'aliénation, son oubli des déshérités. Cela signifie surtout qu'il faut lutter pour que l'être humain devienne enfin et pour toujours le centre de la Vie, que la place prépondérante qui lui revient, lui soit accordée.

- La parole de Jésus et son message d'Amour ont été complètement déformés par ceux qui ont créé le dogme chrétien, notamment Paul de Tarse, apôtre autoproclamé et plus connu sous le nom de Saint Paul. Il a codifié (avec d'autres et contre d'autres encore plus dogmatiques que lui) dans un sens normatif et hiérarchique un message qui était l'antithèse d'un dogme, ce qu'il en a pourtant fait. D'un message d'Amour et de liberté, il a créé une doctrine aliénante et d'obéissance aidé en cela par de nombreux autres chrétiens puis ensuite par l'institution, c'est-à-dire l'église, et ses «pères» puis de ses «docteurs de la foi», parfois talentueux (et dire que Saint Paul était sans doute un «libéral» par rapport à Jacques et aux autres judéo-chrétiens...). C'est pourquoi, il nous faut absolument libérer la parole de Jésus (dans le sens de lui redonner sa liberté, son sens originel) car c'est dans cette libération que toute la force de l'Amour reprendra sa place.

- L'opinion largement répandue selon laquelle Jésus n'a pas été un théoricien de l'organisation de la société (sous-entendu il n'a pas fait de politique) est une stupidité, surtout une supercherie entretenue par une église qui devint très vite, lors de sa fondation, une force conservatrice (alors que le message de Jésus était à l'inverse et paradoxalement révolutionnaire dans le vrai sens du terme, dans sa vision «camusienne») et par une multitude de forces réactionnaires qui souhaitent utiliser le christianisme comme une religion de la domination, en prônant, notamment, le salut dans un autre monde pour détourner les femmes et les hommes de leurs devoirs sur Terre. Il s'agit même d'une hérésie, d'une fausse distinction entre des domaines que l'on cloisonne superficiellement. Evidemment, Jésus n'a pas bâti de doctrine politique exhaustive, il n'a d'ailleurs bâti aucune doctrine. Mais ses préceptes n'en constituent pas moins un véritable programme de vie, une véritable révolution à opérer, ce qui en a certainement effrayé plus d'un... Or, tous ceux qui désirent garder un Jésus momifié prétendent qu'il a seulement édicté des règles que l'on doit s'efforcer de respecter d'autant que son royaume n'est pas de ce monde. Bien, mais imaginons quelques instants que tous les individus de cette Terre respectent ses paroles. Qui pourrait alors prétendre que nous serions encore dans le même monde, dans la même société, qu'une révolution ne se serait pas opérée? D'autant que le message de Jésus sur les points les plus essentiels est clair, d'une limpidité qui n'a guère empêché les exégètes et l'église de tenter de le brouiller, prenant en cela exemple sur Saint Paul qui ne connut pas Jésus, qui fit la chasse aux premiers chrétiens et qui se permit, surtout, d'interpréter très librement – pour ne pas dire plus – les paroles de Jésus. Imaginons donc que la Terre entière respecte les préceptes, «Tout ce que vous voulez que les hommes fassent pour vous, faites-le vous-mêmes pour eux», «Aimez-vous les uns les autres», «Car où est ton trésor là aussi sera ton cœur», «Ne vous posez pas en juges afin de n'être pas jugés», «Que le plus grand parmi vous prenne la place du plus jeune», «Gardez-vous de toute avidité», «Donnez et on vous donnera», «Que celui d'entre vous qui n'a jamais pêché lui jette la première pierre», etc., qui pourrait alors prétendre que nous n'avons pas accompli la plus formidable révolution de tous les temps? Comment, alors, oser prétendre que Jésus n'a rien demandé aux femmes et aux hommes sur cette Terre? Car il ne s'adresse pas à quelques femmes et à quelques hommes, à quelques disciples d'une petite secte qui cherchent leur salut éternel. Son message est universel et s'adresse à l'Humanité tout entière. C'est donc à tous les hommes de cette Terre qu'il demande d'adopter ces préceptes qui, s'ils étaient réellement appliqués, verraient l'établissement du règne de l'Amour sur Terre et de tout ce qui en découle. Mais, on comprend pourquoi l'église et les puissants, dès que le christianisme fut religion d'Etat, cherchèrent à détourner le peuple du vrai message, trop subversif, trop révolutionnaire. Comme le dit Tolstoï, «Le christianisme dans sa véritable signification détruit l'Etat». Il faut donc réhabiliter ce message en le libérant de toutes les strates qui ont enfoui sa véritable signification pour qu'il ne puisse jamais apparaître comme le message de la libération de la femme et de l'homme sur Terre.

- Jésus est le plus grand révolutionnaire (et peut-être le seul!) qui ait jamais existé. Mais attention, il s'agit du Jésus dans ce qu'il dit et non dans ce que l'on veut qu'il ait signifié, Jésus dans sa parole d'Amour et Jésus dans son action. Le «Jésus institutionnel» n'est pas aussi intéressant que celui qui est parti sur les routes de Palestine afin d'expliquer aux femmes et aux hommes que son royaume était le royaume d'Amour.

- Le message de Jésus doit rester et aurait du rester une idéologie de subversion, dans le sens où l'adepte de ce message doit toujours se mettre pacifiquement en face des forts qui veulent asservir les faibles, dans le sens où ce message n'est pas une idéologie de pouvoir. L'adepte de ces paroles doit lutter contre tous les pouvoirs pour défendre les valeurs de Vie et d'Amour. C'est pourquoi, aucune église censée représenter le message de Jésus n'a le droit de se l'accaparer, ayant été complice et parfois initiatrice de tant de crimes. Le message de Jésus est un message d'Amour.

- Le message de Jésus est au départ un contre-pouvoir. Ses préceptes sont d'ailleurs plus proches des notions de liberté et de révolution que de celles de respect de l'autorité et de société figée. C'est pourquoi, il faut retrouver constamment l'essence même du message de Jésus en l'opposant à l'ordre établi, lui donner sa vraie dimension qui est l'humanisme à son plus haut degré.

- Le message de Jésus doit être le fédérateur d'un certain nombre d'autres doctrines, notamment de l'anarchie, de l'authentique, celle qui place la femme et l'homme au-dessus de tout.

- Qu'importe qui était Jésus car il a apporté le seul et vrai message autour duquel tout doit s'organiser. Bien entendu, des hommes, pas toujours de mauvaise foi, se sont ensuite accaparés ce message pour se l'approprier, pour créer des églises souvent de haine car l'être humain est être humain et le pouvoir et la gloire terrestre sont des attraits où la plupart des faibles tombent et dont ils cherchent souvent des justifications métaphysiques.

- Le seul message important est le message d'Amour, celui venu, en particulier, de Jésus. Ce message d'Amour est également à la base de toute société libertaire. Il faut en cela que les anarchistes, les vrais, s'approprient enfin et définitivement Jésus et sa parole, qu'ils traduisent en termes politiques ses préceptes. Ils ne doivent pas prêter main forte à l'usurpation par toutes les forces réactionnaires de la société et à l'accaparement par des idéologies de haine et d'exclusion de Jésus et de sa parole. Il faut, en quelque sorte, «libérer» Jésus, lui redonner sa place et le remettre là où il était et doit toujours rester, à côté de ceux qui prônent l'Amour, à côté des pauvres, de tous les déshérités et les opprimés de la Terre.

- Jésus a très bien compris l'essence même de la vie et donc l'essence même de Dieu: c'est l'Amour. Car, nous sommes tous Amour.

- Peut-on être «jésuen» et non-croyant? La réponse est sans doute affirmative. Mais, au-delà de cette fausse provocation, l'important est de saisir le vrai message de Jésus. Pour cela, il faudrait savoir ce qu'il a réellement dit et fait, ce qui est extrêmement compliqué, sinon impossible, puisque nous n'avons aucun document émanant directement de lui qui pourrait être mis en regard des récits de ces témoins qui ont raconté sa vie ou, tout au moins, son action pendant un laps de temps assez court. Ce que l'on peut tenter de faire – et qu'ont fait un certain nombre d'exégètes – est de retrouver les paroles les plus probables qu'il a pu dire. De ce point de vue, tout ce qui entrait en contradiction avec les idées de son temps, le discours dominant, tout ce qui allait à l'encontre de la foi juive peut être retenu comme ayant de grandes chances de venir de sa pensée.

- Le message de Jésus possède deux intérêts majeurs. Pour un croyant en un Dieu unique, il en fait une représentation positive, la seule qui puisse prévaloir si l'on part du principe qu'en tant qu'Etre parfait, Dieu cumule en lui toutes les valeurs positives (mais qu'il est au-delà encore de celles-ci). Pour tout le monde, croyants et non-croyants, il propose une action de vie de ce que devrait être globalement la philosophie qui préside à notre vision de l'existence et aux rapports avec l'autre. Evidemment, pour Jésus, les deux représentations sont complémentaires, renvoient l'une à l'autre. C'est parce que Dieu est tel qu'il le décrit qu'il faut se comporter de telle manière sur Terre. Cependant – et c'est ce qui fait la force du message –, il est tout à fait possible que l'on adopte cette philosophie de l'existence sans pour autant devoir croire en Dieu.

- Entre le message de Jésus et n'importe quelle église chrétienne, il y aura toujours une différence car une structure, une organisation ne peuvent jamais traduire un message comme celui de Jésus qui, justement, était libre de toute structure ou organisation.

- Beaucoup de gens disent, «Regardez l'église, elle s'est éloignée du message de Jésus». Pourquoi s'en étonner, l'église n'est-elle pas une communauté d'être humains?!

- Il pourrait y avoir une fatalité à ce que les religions chrétiennes disparaissent. Il n'y aura jamais de fatalité en ce qui concerne le message de Jésus, celui-ci étant intemporel et infini.

- Dans la Bible, le seul ou presque qui est digne de Dieu, c'est Jésus.

- Jésus n'était pas un dieu mais un homme qui n'est pas un sauveur mais un guide qui nous a montré la voie sur Terre mais aussi celle qui conduit à Dieu. Il est devenu, par la grâce de Dieu, le médiateur entre les êtres humains et Dieu, celui qui ouvre les yeux sur la vraie nature de Dieu. Car, si Dieu existe, il ne peut que ressembler au Dieu Amour de Jésus.

- Comment gérer les contradictions évidentes dans le message de Jésus? Sachant qu'il n'y avait aucune raison pour les rédacteurs des

Evangiles de présenter les dits et les faits «révolutionnaires» de Jésus, on peut en déduire qu'il les a vraiment dits et vraiment accomplis. En revanche, tout ce qui est conformisme, sort d'une volonté de faire de Jésus un personnage particulier (un bon Juif pour Matthieu, Dieu pour Jean), de prouver quelque théorie en particulier. Dès lors ces dits et ces actes doivent être mis en doute même s'il est impossible de les rejeter catégoriquement vu nos connaissances actuelles. Le message révolutionnaire de Jésus doit donc primer sur le message conservateur. Et il ne peut en être autrement. Les différentes églises chrétiennes, elles, ont choisi de faire exactement le contraire...

- C'est par Jésus que l'Amour est devenu une référence centrale dans le monde. Cet apport est primordial. Jésus n'est pas Dieu mais est le médiateur central de Dieu.

- Si l'on arrive le mieux à Dieu par Jésus, il est fondamental de distinguer Jésus de Dieu. Jésus n'est pas Dieu. Dieu est Dieu, Jésus est Jésus. Voilà pourquoi le message de Jésus est fondamental pour arriver à Dieu.

- Jésus est le suprême inspirateur mais Dieu est l'Unique.

- Tous ceux qui ont voulu appliquer réellement le message de Jésus – tels les Vaudois – ont été pourchassés par les pouvoirs, tous les pouvoirs.

Une preuve de plus que ce message est bien révolutionnaire, menaçant tous les pouvoirs même et surtout ceux qui se sont bâtis sur une interprétation mensongère de son contenu.

- Par un paradoxe bizarre, le christianisme (en tant que religion dogmatique) a diabolisé les plaisirs dont ceux de l'amour. Il faut faire cesser cette mystification et rappeler que le message de Jésus et le plaisir sur Terre ne s'opposent pas et sont en adéquation. Chercher son salut n'est absolument pas antinomique avec vivre la vie que nous a donnée Dieu. Les premiers théoriciens chrétiens étaient des frustrés. Ceux qui vinrent, par la suite, réagissaient plutôt à une époque troublée où l'ascétisme, la «pureté» virginale et chaste, le refus des plaisirs «décadents» devenaient un humanisme par rapport à une certaine barbarie ambiante. Cette réaction ne se justifie plus depuis longtemps alors que le discours n'a pas changé.

- Comme l'a écrit Proudhon, «C'est par sa discipline, non par sa morale, que le christianisme a gouverné le monde», ce qui est fort dommage vu le message d'Amour de Jésus. Car, comme le dit Lamennais, «L'esprit de Jésus est un esprit de paix, de miséricorde et d'amour. Ceux qui persécutent en son nom, qui scrutent les consciences avec l'épée, qui torturent le corps pour convertir l'âme, qui font couler les pleurs au lieu de les essuyer, ceux-là n'ont pas l'esprit de Jésus. Malheur à qui profane l'Evangile, en le rendant pour les hommes un objet de terreur!»

- Il parait que le Dieu de Jésus aime les êtres humains et s'intéresse à eux mais qu'il ne fait pas de politique, qu'il ne s'intéresse pas à leurs conditions de vie. Si l'on comprend bien le discours des théologiens, il s'intéresse aux êtres humains mais pas à leur vie! Quelles contorsions doivent faire ces malheureux théologiens et autres hommes d'église pour affirmer que le politique n'entre pas dans le champ d'un Etre Suprême, créateur et père des êtres humains. Quelles contorsions pour affirmer que le message de Jésus n'a pas d'incidences sur le politique. Car, selon leurs explications, Jésus s'intéresse aux êtres humains, les aiment, mais n'a aucun intérêt pour leur vie! Soyons sérieux un moment et évitons ces discours anachroniques dont le but majeur est de pouvoir légitimer tout pouvoir dont celui des églises, pouvoir qui, par définition, perverti le message de Jésus et l'essence de Dieu. Or donc, si nous considérons Dieu comme étant Amour, alors nous sommes obligés de considérer que celui-ci veut le bien de tous les êtres humains et que si c'est le cas, cela nécessite une organisation sociale et politique particulière. Cela signifie que la religion n'est pas qu'un discours sur l'origine et eschatologique mais un discours sur le sens, ce qui induit une manière de percevoir l'existence sur Terre et donc une vision sur ce que celle-ci devrait être. Et ce qui nous intéresse ici, c'est que le message de Jésus contient effectivement un certain nombre de préceptes sur la manière dont doit être organisée cette existence terrienne. Et ce qui nous intéresse encore plus, c'est que le message s'appuie sur une vision humaniste de l'être humain.

- Si Dieu existe, cela nous impose de ne jamais nous plaindre de notre existence terrestre, non pas par soumission mais, au contraire, par cette espérance qui nous libère. Cependant, cela impose, tout aussi fortement, que nous changions immédiatement l'ensemble des sociétés existantes et que, dans une véritable révolution, nous fassions enfin à l'être humain, la place qu'il doit avoir. On ne peut pas prétendre avoir la foi en Dieu et se satisfaire de nos sociétés.

- Le christianisme officiel nous a apporté l'idée de la place centrale de l'amour dans les rapports humains quel qu'ils soient mais aussi, concrètement, la répression et l'obscurantisme sexuels, la soumission à ceux qui se sont appropriés le pouvoir et bien d'autres thèses que Jésus n'aurait pas manqué de fustiger...

- Peut-on être révolutionnaire ou révolté et avoir la foi en Dieu? Oui. Peut-on être révolutionnaire ou révolté et adhérer au message de Jésus? Oui. Peut-on concilier les thèses libertaires avec la foi en Dieu et l'adhésion au message de Jésus? Oui, car l'idée centrale est l'Amour, l'amour pour le prochain, le respect, la solidarité et la tolérance.

- La tragédie de Jésus: comment un message d'amour a pu se transformer en message de violence et de haine et a pu être institutionnalisé par une organisation fermée et hiérarchique qui a tout de même permis paradoxalement à ce message d'exister et de se diffuser au cours des siècles. Oui, c'est une véritable tragédie.

- Tous ceux qui ont professé et témoigné de l'Amour de Dieu doivent être respectés comme personnes admirables. C'est en ce sens que Jésus est admirable car il n'a cessé de professer l'Amour, seule relation que Dieu peut avoir avec nous s'il s'agit d'un Dieu «juste». En revanche, tous ceux qui ont prêché la violence et le crime au nom de Dieu n'ont rien à faire avec Lui. C'est de cette façon et uniquement de cette façon que l'on peut esquisser une religion universelle en y incluant tous ceux qui placent l'Amour de Dieu comme seule manifestation de sa puissance envers ses créatures, les êtres humains. Car si un dieu est haine et violence envers les êtres humains alors il n'existe pas pour ces êtres humains puisqu'il prône leur disparition et tous ceux qui lui rendent hommage et soumission sont des ennemis de l'Humanité dont elle doit se protéger et se méfier.

Premières guerres chrétiennes

C'est donc grâce à Charlemagne que le christianisme a été utilisé pour la première fois comme argument principal pour mener une guerre, en l'occurrence contre les Saxons avec la bénédiction du pape de l'époque (Constantin, lui, avait récupéré le christianisme pour en faire le socle de son pouvoir et de l'ordre social). C'est aussi grâce à cet empereur que l'église est devenue une puissance temporelle au service d'un projet politique d'intolérance, niant par là même son message. Car si le message de Jésus est aussi politique, il visait à libérer les êtres humains dans l'amour plutôt que de les asservir à une église dont la seule légitimité est son autoproclamation de représentante de Jésus et de Dieu sur Terre.

Cette association entre l'Etat et l'Eglise, au lieu de diffuser et d'établir le message de Jésus, le message d'Amour, a abouti à l'inverse... Ce qui ne doit pas nous étonner puisque qu'il s'agissait principalement de pouvoir, de structures (Eglise, Etat) et non pas d'un message, d'une parole.

Charlemagne a utilisé le message de Jésus pour justifier la violence, s'est approprié un message d'amour et de non-violence absolu pour justifier des actes violents! Ce précédent, pour le moins fâcheux, a permis ensuite de dévoyer plus d'une fois le message de Jésus, pour façonner un christianisme officiel dont l'église actuelle est l'héritière et dont elle revendique l'héritage. Après les interprétations erronées et intolérantes de certains pères de l'église, après la reconnaissance par l'empire romain de Constantin du christianisme comme religion d'Etat, la violence au nom de Jésus est une nouvelle étape importante dans la transformation fausse et illégitime de ce message d'Amour.

S'il est évident que cela a permis le développement de la civilisation occidentale et la diffusion du message de Jésus – qui a alors constitué une sorte de socle moral souvent sans application concrète –, cela a aussi induit une perversion immense des idées du même Jésus. Pourtant, nous sommes dans ce paradoxe que toutes les interprétations erronées, toutes les utilisations frauduleuses, toutes les appropriations illégitimes, toutes les erreurs – commises parfois de bonne foi –, ont permis au christianisme de se développer et de porter le message de Jésus jusqu'à aujourd'hui. De ce fait, il a permis à tous ceux qui ont cru au réel sens du message de tenter de le diffuser, parfois avec un certain succès. Il a permis également de donner des valeurs chrétiennes à la société dont certaines, si elles n'ont pas permis de changer le monde, ont, à tout le moins, permis de rendre moins mauvais ou un petit peu meilleur.

Si l'on doit regretter cette déformation hautement préjudiciable du message de Jésus (déformation, faut-il le rappeler, qui débute par la rédaction orientée des Evangiles et des interprétations libres de Saint Paul), on doit avouer qu'elle peut nous permettre aujourd'hui de connaître ce message et d'œuvrer à sa mise en place effective. Il est, en effet, difficile de pouvoir apprécier ce que serait devenu ce message d'Amour (donc de négation du pouvoir de certains êtres humains sur d'autres êtres humains) sans ce parcours historique. Reste qu'aujourd'hui il faut être lucide et conscient de cet état de fait historique afin, à la fois, de faire évoluer les choses dans le bon sens et d'empêcher les nouveaux accaparements et les nouveaux dévoiements.

De tous temps, des êtres humains ont travaillé à la tâche exaltante de diffuser et d'appliquer le message de Jésus, le vrai, et nous devons la continuer parce que dans ce message se trouve la voie de l'Amour.

Christianisme, morale contraignante

151

L'utilisation du Christianisme en morale contraignante date de l'ère Saint Paul. L'utilisation du Christianisme comme instrument de domination date de l'empereur Constantin. L'utilisation du Christianisme comme instrument de violence politique date de Charlemagne.

De l'anarchisme libertaire

Définition

Au centre se trouve l'être humain qui est la pierre centrale de l'édifice, la valeur suprême. Sur cette pierre sa bâtit une société où la liberté et la fraternité sont les deux ciments de la construction d'une égalité sociale mais également d'une égalité totale entre les individus sur la base de l'individualisme, puisque chacun de nous demeure un être unique et possède un droit imprescriptible au respect de son unicité et de son individualité, de sa différence. Cependant, pour vivre, les hommes ont besoin de partager et de s'unir. Ils tissent donc des liens pour cela. Mais ces liens (ou lien social) sont révocables à tout instant et, surtout, se traitent entre partenaires égaux avec, en toile de fond, une absolue liberté d'où découle une absolue fraternité. Ceux qui s'unissent partagent ensemble les biens sociaux (mais, bien entendu, pas les biens privés). Tout est évidemment basé sur le système politique de la démocratie directe, de l'égalité des voix, de la protection des minorités qui doit bien entendu être pensé et aménage pour être fonctionnel dans des sociétés complexes et dans les communautés de base. Le but ultime est l'établissement du règne de l'Amour sur notre planète.

L'anarchisme libertaire ne reconnaît pas la vision de la société en classes sociales. Pour lui, le monde est composé avant tout d'êtres humains égaux. Ceci est extrêmement important, car cela lui permet de posséder cette vocation à être la théorie de l'Amour sur Terre puisqu'il ne prononce aucune exclusion définitive, parce qu'il n'est pas une théorie de l'appel au meurtre comme le marxisme. En cela, l'anarchisme libertaire rejoint sans conteste le message de Jésus.

Il est bien évident que l'on trouve sous la bannière de l'anarchisme tout et n'importe quoi. Cela provient de la grande liberté à se définir comme anarchiste mais également de l'extrême confusion de la plupart des théoriciens de l'anarchie dont Proudhon et Bakounine.

Car, à l'inverse du christianisme, on ne peut pas affirmer que les héritiers de l'anarchisme en trahissent les principes. Tout au plus, peut-on dire qu'ils prennent beaucoup de liberté avec ces principes mais comme l'ont fait en leur temps quelques figures emblématiques du mouvement (d'autant qu'il ne faut pas minimiser les réactions de désespoir dans cette violence devant un monde si inhumain et si inégal et dur pour les déshérités). Toujours est-il qu'il manque encore une grande théorie de l'anarchisme libertaire, posant les jalons d'une nouvelle société sans violence. Celle-ci ne peut se faire qu'avec l'aide du message de Jésus, du message d'Amour qui, lui, supplante tout, partout et en tout temps.

Le long combat de l'anarchisme libertaire

L'anarchisme libertaire est un long combat de persuasion et, en même temps, le but ultime pour changer les sociétés. Dès lors, son établissement ne peut souffrir de compromission. Et, travailler à son établissement ne veut pas dire faire des concessions. En fait, la seule chance de l'établissement de l'anarchisme libertaire est que celui-ci s'implante «naturellement». Cela signifie que les femmes et les hommes, après un processus d'explication, en viendraient à trouver «naturel» son établissement. Sa victoire ne peut se dérouler que de cette façon, la seule qui lui permettra de garder ses valeurs et sa dignité, de ne pas se commettre et se compromettre. D'où une tâche longue et difficile, mais pleine d'espoir pour celui qui croit que la vie sur terre n'est pas qu'un simple rapport de force et que le respect, la tolérance et la solidarité ne sont pas des notions creuses.

Anarchisme libertaire, société de l'harmonie

N'en déplaise à certains, l'anarchisme libertaire propose une société de l'harmonie et du respect sur cette terre. Si elle ne l'est pas, elle n'est alors qu'une pale variation des sociétés déjà existantes ou qui ont déjà existé. Car, les premiers théoriciens de l'anarchisme libertaire ont tenté de «crédibiliser» leurs théories, de donner des gages de «sérieux» à leurs adversaires. Mais même si l'entreprise pouvait être parfois louable, de ce fait, ils ont souvent tourné le dos à l'anarchisme libertaire comme, par exemple, Proudhon qui s'est enferré à être «responsable» aux yeux de ses détracteurs. Un libertaire «responsable» pour convaincre un réactionnaire ou un totalitaire, n'est plus vraiment un libertaire….

Anarchisme libertaire,
lutte des classes et société de l'Amour

L'anarchisme libertaire ne doit pas ou ne doit plus être considéré comme une théorie de la lutte des classes. Trop d'anarchistes libertaires se sont laissés aller à l'enfermer dans ce carcan trop strict et réducteur. Pour que l'anarchisme libertaire vive, il faut qu'il soit la théorie de l'organisation de la vie sur terre, celle qui permettra véritablement à l'homme de s'accomplir lors de son séjour terrestre. Ainsi, l'anarchisme libertaire doit être la théorie de l'amour sur terre. C'est là une vaste ambition, mégalomaniaque, diront certains, voire même totalitaire par sa volonté hégémonique, signifiée de la sorte. Mais, ils oublient que l'anarchisme libertaire est et demeurera toujours une théorie de la liberté, ce qui signifie que son adhésion sera toujours librement consentie et, de ce fait, toujours «reprenable». L'anarchisme libertaire doit se mettre en position d'incarner toujours la théorie de l'amour sur terre. Si elle n'est pas ou plus perçue de la sorte, alors elle échouera sans fin.

L'anarchisme libertaire
doit être sans concession

L'anarchisme libertaire n'a rien à gagner en demi-mesures, en amalgames abusifs, en fausses alliances. Car, dans ces cas, il perd son âme. Il est une théorie de l'amour, de la paix, de l'humanisme. De ce fait, il n'a pas besoin de se trouver une légitimité ou une reconnaissance en faisant des concessions aux tenants de l'ancien monde où se trouvent tous ceux qui défendent les vieilles idéologies dont, bien entendu, le communisme. L'anarchie n'a rien à gagner en se dénaturant. Il faut qu'elle reste pure, envers et contre tout, au risque même de demeurer éternellement une utopie. Mais, c'est uniquement à ce prix – peut-être exorbitant – qu'elle peut demeurer et qu'elle demeurera ce phare de l'humanisme dans cet océan où l'humain ne compte pas pour grand-chose depuis trop longtemps. Il faut savoir défendre ses valeurs, sans compromissions, de les expliquer afin de convaincre les gens de leur bien-fondé. Bien sûr, cela n'empêche pas aux défenseurs de l'anarchie de dire que des sociétés et des systèmes qui ne sont pas libertaires soient meilleurs que d'autres et que certaines valeurs leur soient communes avec d'autres. Cela ne veut pas dire, non plus, que les anarchistes ne doivent pas s'investir dans certains combats politiques et humanistes, même si la finalité n'est pas l'anarchie. Mais, il faut appeler un chat, un chat et l'anarchie, l'anarchie.

La nécessaire réactualisation
de l'anarchisme libertaire

Comme toutes les théories politiques, l'anarchisme libertaire doit être réactualisé et modernisé pour devenir une théorie du présent et de l'avenir. Surtout, elle doit être dépoussiérée de toutes les polémiques du XIX° siècle qui l'ont, également, gangrené pendant une partie du XX° siècle. Mais l'anarchisme libertaire du XXI° siècle et des siècles à venir doit aussi chasser les ambiguïtés et les flous nés des positions paradoxales adoptées par des hommes comme Proudhon, Bakounine ou Stirner dans leurs écrits. Si l'anarchisme libertaire veut trouver une place dans le présent et l'avenir, s'il veut pouvoir représenter un espoir de vie meilleure pour les peuples et les hommes, il ne peut pas demeurer éternellement une sorte de fourre-tout où l'on trouve tout et son contraire. L'anarchisme libertaire doit être la théorie de l'Amour sur Terre.

De la science

- J'aime la science quand elle cherche, j'aime la science quand elle trouve mais je l'aime nettement moins quand, n'ayant pas trouvé ce qu'elle cherche, elle se met à échafauder des théories qu'elle ne peut pas démontrer. Certains chercheurs manquent de cette qualité éminemment scientifique, l'honnêteté intellectuelle, et, en revanche, possède un trop plein d'hubris...

- L'exception est le cauchemar de la loi scientifique car, pour être loi, elle doit s'appliquer tout le temps à tous. C'est en se rappelant ce principe que les scientifiques devraient agir puis parler. Mais le réflexe scientiste paralyse souvent la science.

- Si les affirmations des scientifiques avaient toujours été des vérités, si certaines n'avaient pas été contredites par les faits ou d'autres affirmations elles mêmes parfois à nouveau contredites par de nouvelles, alors nous pourrions les croire les yeux fermés sur tout ce qu'ils disent. Mais tel n'est pas le cas. Loin de là (sans parler des charlatans qui encombrent les couloirs de la renommée scientifique). Oui, la science existe et je ne suis pas de ceux qui la nient. Oui, les scientifiques font des découvertes, parfois incontestables, parfois qui font faire un bond à l'Humanité. En revanche, nous ne pouvons faire comme si chacun de leurs propos étaient des vérités à prendre sans discussion, sans vérification, sans esprit critique. La science n'est pas une religion mais un processus toujours en cours qui cherche et cherche encore avec de nombreuses questions qui ne sont pas résolues et des réponses d'un jour qui se révèlent des erreurs d'un temps.

Des tâches ménagères

Les femmes n'ont rien compris! Au lieu d'imposer leurs valeurs humanistes à la société, les femmes ont choisi de se battre pour être comme les hommes et démontrer qu'elles pouvaient être leurs égales. Ainsi, elles ont adopté les valeurs de violence, d'agressivité et la loi du plus fort que la société machiste a mis en place. Dommage...

Non seulement elles tentent de singer les hommes, mais, conditionnées par la propagande masculine, elles rejoignent en masse le camp du pouvoir, de l'argent et du paraître... Fièrement, elles viennent affirmer qu'elles ne sont plus des «mères au foyer» et des «ménagères». Fort bien, mais est-il vraiment plus valorisant et intéressant d'être cheftaine de service ou une mère qui guide et protège un enfant dans l'apprentissage de la vie?

Constatons avec regret que les femmes ne se sont manifestement pas libérées des hommes ou de la vision machiste du monde. Elles n'ont pas compris qu'en se révoltant contre certains aspects de leur condition qu'elles épousaient les thèses intolérantes des hommes, qu'elles les imitaient tout simplement. Mais pourquoi pas? Une femme a tout autant de légitimité à être Présidente de la République, générale ou ingénieure. Mais, ces tâches sont-elles pour autant plus importantes que celles qui sont celles d'une mère au foyer? Doit-on choisir parce que certaines de ces tâches sont «respectables» aux yeux de la pensée dominante et d'autres non.

Les femmes, intoxiquées par la propagande masculine, ont cru que leur émancipation passait par le «monde du travail» et leur insertion dans l'économie de marché. Qu'il leur suffisait de jeter leur chiffon, leur éponge et le biberon de bébé. Elles se trompent. Elles auraient du se battre pour que leur contribution à la société soit reconnue à leur juste valeur: comme la plus importante. Elles auraient du jalouser des hommes qui venaient dans leur pré-carré. Au lieu de cela, dans leur erreur d'appréciation, elles ont permis aux hommes de démontrer qu'ils avaient raison: les tâches ménagères sont des sous-tâches qu'il n'est pas valorisant d'accomplir. «Regardez, disent-ils, quand une femme peut faire autre chose, elle choisit le plus souvent une activité que nous faisons. Vous voyez bien que ces tâches ne valaient pas grand chose!»

Faire la cuisine pour nourrir sa famille, faire le courses, faire le ménage, ranger, laver, entretenir et, surtout, accompagner les enfants dans leur vie et les protéger tout en les éveillant à ce monde, tout cela est-il futile, secondaire et peu valorisant? Tout cela ne mérite-t-il que le mépris, la condescendance, la moquerie? Et pourtant, qui, aujourd'hui, peut afficher fièrement ce rôle sans crainte de sarcasmes, de regards ironiques et de jugements peu amènes dont ceux de ne pas «travailler» et de «se la couler douce» sont les plus insultants? Car, oui, les «tâches ménagères», tout comme l'appellation «au foyer», attribuée à la mère ou au père sont presque des insultes ou, à tout le moins, des jugements négatifs. Cependant, qu'est-ce qui est plus important comme activité? Est-ce de concevoir la prochaine campagne de pub pour un déodorant pour WC ou pour un régime alimentaire mensonger? Est-ce d'être une star du petit ou du grand écran? Est-ce de devenir champion du monde de formule un ou de football? Est-ce de diriger la plus grosse entreprise d'informatique ou le plus grand réseau social? Face à ces poids lourds que pèsent celui ou celle qui s'occupent de ces tâches obscures, du four à l'aspirateur? Rien ou presque. Dans une société de la starisation, de la médiatisation et du mercantilisme, ils sont considérés presque comme des parasites.

Et puis, les femmes cantonnées malgré elles dans ces tâches dévalorisées par la société, n'ont-elles pas lutté pour qu'elles en soient enfin libérées plus ou moins totalement? Faire l'éloge de ces tâches n'est-il pas, dès lors, un combat d'arrière-garde, une vision réactionnaire et conservatrice? Pas du tout, voilà bien un combat d'avant-garde, mon général, un combat d'éclaireur. Car, il est évidemment hors de question de demander aux femmes de reprendre en main seules ces tâches. Il n'est pas question de demander aux femmes et aux hommes de se passer de lave-linge ou lave-vaisselle, ni même de demander à d'autres personnes de les aider. Il s'agit, seulement, de les remettre à leur place, celle que la société leur a toujours déniée.

Car, qu'est-ce qui cloche dans ces tâches domestiques? Leur absence de reconnaissance dans un monde dominé par la notion de valeur marchande et par une vision superficielle de l'existence. Payons une mère ou un père au foyer comme un PDG et nous verrons comment la société envisagera ces tâches. Revenons à ce qui est important dans la vie et nous verrons quelle place occuperont ces tâches.

Prendre un enfant par la main est incomparablement plus important que de conduire un 38 tonnes ou même d'être Premier ministre. Serviteur de l'amour c'est nettement mieux que d'être serviteur de l'Etat, non? Accompagner les enfants dans leur vie est la grande tâche de notre existence, sans aucun conteste. Les enfants sont non seulement l'avenir de l'humanité mais également notre présent. Que serait le monde sans enfants?

Alors, posons les bonnes questions. Accompagner les enfants dans leur développement est-elle une occupation subalterne? Faire en sorte qu'il y ait à manger en quantité suffisante tous les jours au foyer et préparer les repas est-elle une occupation subalterne? Nettoyer, laver, enlever la poussière, ranger sont-elles des occupations inutiles? Si nous répondons honnêtement, c'est-à-dire par la négative, alors les tâches ménagères sont bien parmi les plus nobles qui existent. Et à qui fera-t-on croire que taper sur le clavier d'un ordinateur ou piloter un avion sont des tâches plus importantes que donner la main à un enfant? Soyons sérieux! Dans un monde qui se gargarise de «valeurs» sans trop savoir de quoi il parle, n'oublions pas l'essence de la vie.

Mais si les femmes se sont trompées, les hommes ont également commis une erreur de jugement fondamentale, lourde de conséquences. Evidemment, dans un monde, depuis toujours dominé par l'idée que la force est une des valeurs essentielles d'où découle la puissance et le pouvoir, les tâches domestiques ne pouvaient être respectées et respectables.

Reste que la place est libre et les hommes seraient bien avisés de réfléchir où se trouve le sens de l'existence et, sans doute, le vrai pouvoir.

De la politique

Tout le monde a raison…
mais la raison a le dernier mot

Il y a ceux qui pensent qu'il faudrait plus de liberté et de responsabilité car ils veulent que tout individu puisse prendre le maximum de décisions concernant sa vie en pleine responsabilité. Et ils ont raison. Il y a ceux qui pensent qu'il faudrait plus de solidarité car ils demandent à ce que les plus faibles soient aidés ainsi que ceux qui connaissent des problèmes à un moment difficile de leur existence. Et ils ont raison. Il y a ceux qui veulent plus d'équité et de méritocratie car ils pensent qu'il faut récompenser ceux qui veulent réussir quel que soit leur origine sociale. Et ils ont raison. Il y a ceux qui veulent plus d'égalité car ils pensent qu'il faut donner la même chance à tout le monde au départ. Et ils ont raison. Il y a ceux qui estiment que l'économie doit être totalement ouverte pour permettre la croissance et l'innovation. Et ils ont raison. Il y a ceux qui estiment que l'on doit protéger certains secteurs vitaux pour une société. Et ils ont raison. Et l'on pourrait continuer cette énumération des contraires encore longtemps.

Oui, tout le monde a raison. Car les choses ne sont jamais blanches ou noires. Tout le monde a raison parce que les situations sont souvent complexes. Tout le monde a raison parce qu'à côté de la raison, il y a le cœur et inversement. Tout le monde à raison parce qu'à côté de l'individu-roi, il y a la société-refuge.

Mais, comme dans tous ces paradoxes, si tout le monde a raison, c'est que tout le monde a tort. Car, aucune de ces affirmations sans l'autre n'est raisonnable. C'est de par leur mixité qu'elles acquièrent ce côté raisonnable, ce côté central – c'est-à-dire éloigné des extrêmes – qui les rend valides.

De même, tout le monde ne peut pas avoir raison en même temps. D'où le rôle éminemment important du politique et du choix politique. Car la politique est l'art de prendre des décisions suivant les circonstances. Et la meilleure politique c'est celle qui prend pragmatiquement les bonnes décisions au bon moment dans une vision de juste équilibre. C'est ici que la raison a le dernier mot.

Si nous devons obligatoirement faire des choix pour construire une politique efficace, il n'en reste pas moins qu'il ne faut pas oublier les options qui ne seront pas prises en compte pour la mener, sachant qu'elles sont tout aussi légitimes que celles retenues mais pas efficaces pour mener une bonne politique à une époque donnée.

Car, dans la durée c'est bien vers l'équilibre que tout doit tendre parce que nous devons construire une société harmonieuse où comme le dit un proverbe de la dynastie des Tang:
«L'harmonie est nécessaire pour la prospérité des choses, l'uniformité au contraire entrave toute création. L'harmonie consiste en l'unité des différences. C'est seulement lorsque cette unité existe que les choses peuvent prospérer et qu'un souverain en tire avantage. À l'inverse, la simple accumulation des choses toutes identiques ne mène à rien.»

Se trouver au milieu, c'est-à-dire loin des extrêmes, ce qui représente la meilleure position politique possible pour les Chinois, c'est à la fois prendre en compte toutes les opinions, tenter de concilier le maximum d'intérêts divergents mais aussi prendre des décisions.

Toutes les bonnes raisons doivent se fondre dans la raison et celle-ci prend appui sur le réel.

Promesses politiques mensongères:
tant que les électeurs en redemandent...

«De toute façon, ce sont des mensonges» assène cette dame sur une chaîne d'information en continu lors d'un micro-trottoir sur les prochaines municipales. Tout en ayant précisé dans la phrase précédente qu'elle irait bien voter mais que «droite et gauche, c'est pareil». Tout est dit!

Comment se fait-il que, de tout temps et à toute époque, les électeurs à travers le monde et particulièrement en France, savent que les promesses politiques sont souvent des mensonges ou des vœux pieux, qu'ils pestent contre ceux qui les font mais qu'ils continuent à aller voter pour un camp alors même qu'ils estiment que tous les partis sont «blanc bonnet et bonnet blanc» selon cette expression qui fit florès en politique dans les années 1970 grâce à son utilisation fameuse par le communiste Jacques Duclos? Car le mensonge politique et la fausse promesse peuvent être et devraient être vus comme une trahison, tout au moins un dévoiement, de la démocratie républicaine et une arnaque envers le citoyen qui, in fine, est le détenteur de la souveraineté populaire et dont le représentant doit théoriquement mettre en œuvre ce sur quoi il s'est engagé devant lui.

En effet, mentir et écrire n'importe quoi pour être élu est une tromperie démocratique (que par ailleurs les régimes autoritaires et dictatoriaux utilisent sans vergogne dans leur propagandes interne et externe) qui transforme l'électeur en une sorte de consommateur que l'on tente de gruger avec de la publicité mensongère en lui vendant n'importe quoi. Et encore, la publicité mensongère peut être condamnée pénalement, pas les fausses promesses politiques…

Dès lors, nous ne votons que pour des illusions pourtant imprimées noir sur blanc dans des programmes électoraux. La démocratie n'en sort évidement pas vainqueur.

Mais promesses trompeuses et mensonges éhontés peuvent être compris également comme des messages et des signes plus ou moins subliminaux envoyés à ceux de son propre camp. Ils participent alors d'un rituel partagé entre le politique et l'électeur qui est d'exprimer que l'on appartient au même monde idéologique. Prétendre, par exemple, que l'on va supprimer la pauvreté ou l'insécurité sont deux promesses intenables mais qui permettent de dire à ceux à qui elles sont destinées, dans leur langage (de droite, de gauche ou du centre) que l'on partage valeurs et vision politique analogues. L'émetteur et le récepteur de ces messages et de ces signes savent bien que ces promesses sont irréalisables et que ce sont des balivernes. Néanmoins ils entretiennent le sentiment profond d'être membres d'une communauté politique identique. Un programme électoral ou des tracts de campagne, s'ils sont des morceaux d'orfèvrerie de fausses promesses et de mensonges, sont aussi, de ce point de vue, autant d'occasions de partager un univers commun entre ceux qui les écrivent et ceux qui les lisent.

Ce raisonnement, moins souvent mis en avant que celui de la duperie, a le mérite d'expliquer l'inexplicable: pourquoi la grande masse des électeurs ne croient plus au discours politique, se méfient des promesses et accusent les élus de mensonges tout en continuant, dans une sorte de duplicité idéologique, à mettre un bulletin dans l'urne en votant, de plus, pour le même camp qui vient pourtant une nouvelle fois de les décevoir.

Notons, tout de même, qu'il y a une interprétation encore plus pessimiste et plus désespérante du phénomène, le vote par défaut et par dépit. L'électeur ne voterait, non pas par un certain attachement aux valeurs et visions politiques d'un personnel politique qui lui ment et les trahit, mais il s'agirait d'un choix par défaut et par dépit. En votant pour ceux qui sont les moins éloignés de son positionnement politique, l'électeur ne choisirait pas le meilleur candidat pour le représenter mais le moins mauvais candidat, celui qui, tout en le grugeant et en lui mentant, serait au moins capable de s'opposer aux mesures du camp d'en face, de faire le moins de dégâts possibles et, peut-être, de prendre quelques bonnes mesures et initiatives.

Il ne s'agit pas ici d'excuser, ni de légitimer de tels comportements, seulement de les rendre compréhensibles. On comprend bien que cela n'est évidemment guère satisfaisant mais, en toute honnêteté intellectuelle, il est tout aussi important de condamner les menteurs que de fustiger ceux qui veulent bien les croire alors qu'ils savent qu'ils mentent. Car aucune loi, aucun serment sur l'honneur ne permettront de faire de tous les politiques des personnes respectueuses des citoyens. C'est dans ce que nous attendons, nous tous, de la politique et de ceux qui décident de s'y investir, que se trouve en grande partie la solution. Non seulement pour ne plus gober les promesses intenables et les discours démagogiques que nous savons tels mais également pour ne pas nous en remettre à ceux qui les tiennent en les élisant ou en leur faisant confiance les yeux fermés.

Oui, la démocratie républicaine est un combat. Oui, elle ne peut exister que si l'on paye le prix de la liberté. Celui-ci est fait de la responsabilité et de la dignité de chacun de nous. C'est ce qui nous élève et nous donne de grandes gratifications. Quand nous y renonçons, nous permettons à tous les aventuriers de la politique de nous berner. Nous pouvons décider que ce prix est trop élevé, que c'est un fardeau et nous en remettre à ces aventuriers qui, un jour ou l'autre, ouvriront la porte à d'autres bien plus dangereux qui nous conduiront à ces régimes autoritaires et despotiques qui considèrent le peuple comme un ramassis de gens irresponsables, incapables de prendre leur destin en main.

Avant de tomber dans cette renonciation, regardons autour de nous, dans ce monde où la démocratie est si rare et où la liberté est un bien si cher à tous ceux qui ne l'ont pas. L'appréciation de l'économiste britannique John Maynard Keynes qualifiant la France de «seule nation du monde dans laquelle les hommes d'Etat n'ont pas commencé à dire la vérité à leurs compatriotes ni peut-être à eux-mêmes», date des années 1930, mais elle demeure malheureusement d'une bien cruelle actualité pour la classe politique française et certaines élites. Celle-ci et ceux-là ne se sont toujours pas convertis aux vertus du pragmatisme et de la responsabilité politique qui implique de dire le réel et d'agir sur lui concrètement en proposant des mesures réellement applicables.

La politique, paradoxalement, se contente d'un gouvernement médiocre mais pas de promesses et de joutes oratoires médiocres. Il faut être flamboyant et enflammer un auditoire qui le demande même et surtout en racontant n'importe quoi. Comme si le paraître était la vertu principale que les électeurs attendent de leurs gouvernants. Tant que cela durera, les discours politiques continueront à être gangrenés par les tromperies et les mensonges dans une sorte de joyeuse mais dangereuse irresponsabilité partagée. Les défis que nous avons à relever méritent un discours de réalité dont nous sommes encore loin.

Car, en n'étant pas dupes de ces procédés, les Français, comme d'autres peuples démocratiques, ont développé au fil du temps un certain cynisme vis-à-vis de la politique. Or ce n'est pas avec une telle opinion que l'on s'investit pour réformer le présent et préparer l'avenir.

De l'interdiction

Quand l'interdit joue contre la démocratie

Vivre en sécurité et protégé du danger est la base sur laquelle toute liberté se construit. En effet, comment profiter d'une liberté si l'on est constamment dans l'inconnu et la crainte de son intégrité physique et psychologique? Il nous faut donc un cadre pour que notre liberté soit effective.

Car, si Aristote affirmait, fort justement, dans l'Ethique à Nicomaque que «quand les hommes sont amis il n'y a plus besoin de justice», ce n'est malheureusement pas l'état des relations sociales dans le monde actuel. Dans une démocratie républicaine qui prend en compte l'imperfection humaine, la divergence d'intérêts, le manque d'amitié et qui combat la licence, c'est le système juridique qui fait office de cadre régulateur. La loi sécurise et protège tout en ouvrant la voie à une liberté réelle bornée uniquement, en théorie, par l'interdiction d'empiéter sur la liberté de l'autre.

Mais pas en pratique. En effet, comme pour tout système, le juridique peut être dévoyé par ceux qui le contrôle. C'est le cas quand l'"interdiction devient le moyen le plus simpliste pour régler un problème (voire pour en créer un artificiellement afin d'édicter une interdiction…). Car la démocratie représentative n'est pas un régime d'interdiction mais, profondément, un régime de liberté pour des individus égaux et responsables. Cette liberté ne s'acquiert pas principalement par l'interdiction mais par la transmission du savoir et des valeurs.

Même si cette démocratie représentative est autre chose qu'un simple régime où l'on échange la liberté contre la responsabilité. Elle est également fondée sur la solidarité entre ses membres même si celle-ci se pratique souvent par l'outil étatique qui se substitue, par l'acceptation des citoyens, à leur devoir d'aider son prochain pour qu'une communauté puisse fonctionner et se dire humaniste.

Dès lors, c'est souvent avant d'en arriver à édicter des interdits qu'un problème doit être réglé et non avant tout par l'interdiction. Car les interdits sont bien des échecs d'une société démocratique. Certains de ces échecs sont inscrits dans les perversions de la nature humaine mais d'autres sont la résultante de l'incapacité des sociétés et de leurs gouvernants à trouver des solutions à des problèmes, voire, plus grave, de s'immiscer dans la vie privée des individus au nom d'une morale qui n'en a que le nom.

Ainsi, l'interdiction n'est pas légitime à protéger le citoyen qui ne le souhaite pas et le but d'une société évoluée n'est pas de se transformer en une baby-sitter castratrice. De ce point de vue, interdiction et principe de précaution sont néfastes quand ils empêchent l'individu de s'épanouir, épanouissement qui profite souvent, en plus, à toute la société.

Si elle ne met pas en danger autrui et la communauté, l'action d'une personne ne doit pas être encadrée par l'interdit et la précaution. Par peur d'être accusé d'inaction, de faiblesse et d'incompétence, le politique au lieu d'agir pour éviter la survenance d'un problème, le règle à coups d'interdictions quand il devient trop prégnant. De ce fait, il ne le règle absolument pas en profondeur et restreint, dans le même temps, l'espace de liberté individuelle.

Cet artifice de l'interdiction devient un outil essentiel pour le politique de prouver qu'il «fait quelque chose». Souvent, le discours qui l'accompagne est non seulement négatif mais mensonger avec la manipulation des statistiques. Et il passe de plus en plus mal dans la population, pourtant demandeuse de sécurité, mais pas d'un empilage d'interdits. Ainsi, il y a un rejet de la population de cette manière de gouverner qui est devenue tristement routinière et la faillite d'une pratique qui ne règle pas un problème – qui parfois n'en est même pas un – mais qui ne fait que le gérer dans l'instant et l'urgence par un interdit.

Enfin, il ne faut pas oublier une valeur fondamentale de la démocratie républicaine, ce liant principal entre des individus libres. Pas le respect vu comme d'un inférieur à un supérieur, de l'individu à l'Etat mais comme le respect de l'un à l'autre et réciproquement, le respect de l'individu à la communauté et réciproquement. Liberté et respect ne sont pas antinomiques, bien au contraire, ils vont de pair. En revanche, licence et respect ne peuvent cohabiter.

Ayant dit cela, l'interdiction ne se justifie que dans la situation suivante: impossibilité de trouver une solution meilleure où la liberté, la sécurité et le respect de la personne qui souhaite être protégée ne peuvent être assurées. Aujourd'hui, on en est loin car l'interdiction est souvent la seule solution envisagée par les gouvernants et concerne souvent des actes qui n'ont aucune incidence sur autrui ou même la société.

Quelques réflexions sur l'interdiction

- L'interdiction est un moyen de domination.

- L'interdiction est un moyen d'endoctrinement, notamment par son utilisation massive à l'école.

- L'interdiction est un moyen de normalisation.

- L'interdiction est le moyen ultime de l'exclusion.

- L'interdiction puise sa force dans le syndrome de la forteresse assiégée.

- L'interdiction est un moyen de gouvernement pour les politiquement faibles.

- L'interdiction est le moyen le plus facile de résoudre en surface les problèmes.

- Il y a un endoctrinement de l'interdit comme réponse sociale.

- L'interdiction est une réponse simpliste à de vrais problèmes.

- L'interdiction permet à l'Etat de cacher ses déficiences fondamentales et structurelles.

- L'interdiction est préférée à la compréhension.

- L'interdiction est contraire à la société de la responsabilisation et du partage.

- La société de l'interdiction est le contraire de la société de la responsabilisation.

- Une société libre et responsable est une société de la «contre-interdiction».

- Gouverner ce n'est pas interdire et réprimer mais trouver des solutions, offrir des possibilités.

- L'interdiction recèle en elle-même de graves menaces sur la société qui les édicte dont des risques de révoltes violentes.

De la guerre

L'inévitable guerre, à moins que…

Ce jour, comme hier et comme demain, de nombreuses personnes vont mourir dans des conflits qui ensanglantent le monde aux quatre coins de la planète, de l'Afghanistan au Congo, de la Colombie à la Somalie aujourd'hui, ailleurs demain, et dans lesquels, nous l'oublions souvent, nous sommes, nous, Européens et Occidentaux, directement impliqués. Depuis que l'Humanité existe, il y a eu plus de jours de guerre que de jours de paix! La guerre est donc la gestion du conflit préférée des êtres humains…

Cette réalité désespérante risque de perdurer et peut-être même de s'amplifier dans les décennies à venir, faisant du XXI° siècle, un siècle tout aussi sanglant que le précédent pourtant peu économe en vies humaines sur les champs de bataille et dans les ruines des cités. Car les motifs pour faire la guerre vont se multiplier et leur importance pourrait bien balayer nos belles valeurs humanistes.

Au-delà de tous les conflits existants, le manque d'énergie sera peut-être la cause des premières guerres du siècle nouveau. La raréfaction de l'eau potable, le manque de nourriture, l'exigüité du territoire, le nombre de femmes insuffisantes dans des pays comme l'Inde ou la Chine sont autant d'autres motifs déclenchant. Sans parler d'une possible guerre de religion. Et sans oublier que le terrorisme pourrait disposer d'armes de destructions massives à plus ou moins long terme. A moins que la crise économique et financière mondiale ne se prolonge ou revienne et soit le terreau de troubles sociaux puis de régimes autoritaires comme ce fut le cas en 1929 avec, au bout, la deuxième guerre mondiale, le conflit le plus meurtrier de toute l'histoire de l'humanité, il y a, à peine, soixante-cinq ans…

Dès lors, la question n'est peut-être pas de se demander s'il y aura une nouvelle grande guerre mais quand et où. Et ce «où» pourrait bien impliquer encore plus directement le monde occidental dans lequel nous vivons bien plus qu'il ne l'est actuellement dans les guerres où l'Europe et les Etats-Unis sont engagés à périodes répétées. Bien sûr, le pire n'est jamais sûr mais l'expérience des siècles passés, voire des millénaires, doit nous encourager, au minimum, à nous préparer à la possible survenance d'un nouveau conflit même si les optimistes notent que, jusqu'à présent, aucune guerre n'a mis aux prises des démocraties, ce qui devrait limiter les risques d'embrasement en Europe. Pour le moment.

Y a-t-il une chance que le scénario catastrophe ne survienne pas? Cette chance, malheureusement, ne se trouve sans doute pas dans notre amour du prochain, ni dans notre sagesse en dépit de ce que croient tous les idéalistes qui prônent un changement de nos comportement et de nos manières de vivre. La peur d'une guerre atomique peut être un repoussoir mais jusqu'à quel niveau de haine ou de désespoir? En revanche, la sauvegarde de la paix peut se trouver dans l'ingéniosité humaine, dans l'innovation.

Il n'est pas question ici de foi aveugle et inconditionnelle dans la science et la technologie humaines. Non, il s'agit simplement de l'espoir que l'être humain sera capable de trouver des solutions dans ses capacités d'innovation technique car, pour ce qui des innovations politique et sociétale, il y a tout lieu de se montrer très pessimiste, non pas sur ses capacités à en conceptualiser mais dans celles de les mettre effectivement en œuvre. Parions sur le génie technologique de l'être humain plutôt que sur sa sagesse pour avoir une chance de nous en sortir. Ce qui ne nous empêche pas, bien sûr, de continuer le combat pour que les êtres humains comprennent que leur intérêt commun est de consacrer toutes leurs énergies non pas à détruire ce qu'ils ont construit mais à le protéger, à l'améliorer et à le partager. Une révolution par l'amour et la sagesse qui ne semble pas encore être leur préoccupation première …

De la photographie

La réalité du photographe

Je ne sais si la photographie est un art, une technique, un simple témoignage de l'époque où un cliché a été pris voire tout cela à la fois. En revanche, je sais que photographe, quoiqu'il arrive, travestit la réalité en donnant à un instant éphémère l'impression de l'éternité, faisant croire à l'existence d'un monde plus ou moins figé.

Il s'agit d'ailleurs toujours de la réalité du photographe, de celle qu'il crée, par son choix de sujet, son cadrage et sa décision d'appuyer à un instant donné sur le déclencheur de son appareil. Une photo est donc toujours une œuvre unique même si, au même moment, se trouvent des milliers de photographes au même endroit et appuyant sur les déclencheurs de leurs appareils tous en même temps.

Ce qui fait toute la différence, c'est l'œil du photographe. C'est d'ailleurs à cela que l'on reconnait un bon photographe, d'un mauvais. Et non pas dans la qualité technique d'un cliché en ce XXI° siècle où il est souvent plus facile de réussir une photo que de la rater avec toute la technologie que contient un appareil photo, avec tout ce qui permet ensuite de la retoucher si l'on veut. Ainsi, désormais, ce n'est plus simplement la photo de mode ou le cliché qui sert de support à une publicité qui sont «travaillés» pour parvenir une image parfaite, cela se fait dans tous les domaines.

Cependant, une photo est aussi magique. Elle est bien plus profonde que ce qu'elle montre de prime abord. Elle ne raconte pas une histoire mais autant d'histoires qu'il y a de personnes qui vont la regarder. Bien sûr, il y a la scène immortalisée par l'objectif de l'appareil et une réalité intrinsèque de cette scène que l'on discerne ou non. Mais il y a tout ce que l'on veut voir dans cette scène, tout ce que cela évoque, toute une réalité et un imaginaire qui s'entrechoquent. Chacun voit dans une photo sa propre vision tout en partageant ce que celle-ci montre. C'est la raison pour laquelle elle s'apprécie en solitaire mais aussi en société. Regarder des photos ensemble est une activité sociale que partagent tous les femmes, les hommes et les enfants de la planète.

La photo, malgré l'image animée et les réseaux électroniques, continue d'émerveiller. Ouvrir un livre de photos ou un album photos familial, ce sont ces instants éphémères attrapés par l'objectif de l'appareil photo qui provoquent en nous cet intérêt, cet attrait, voire ce plaisir et ces souvenirs que jamais une image animée ne pourra donner (elle donne d'autres sensations et elle est, bien entendu, un témoignage d'une importance sans pareil).

La photographie que je préfère est celle qui est prise d'une scène qui se présente à un photographe et qui est une réalité de la vie. C'est le moment où il a appuyé sur le déclencheur après avoir cadré son sujet. D'autant qu'aujourd'hui avec les appareils photos hyper-sophistiqués, il est souvent difficile de rater techniquement un cliché (sans parler, pour certains, de toutes les «retouches» qui peuvent se faire par la suite). Mais il peut aussi travestir la réalité en « travaillant » les photos, en les arrangeant ou en les truquant. Ce sont alors des œuvres d'art mais qui s'éloignent de cette fonction du photographe qui est celle de témoigner du monde dans lequel il vit et qu'il reproduit avec plus ou moins de talent. Et cette fonction de témoignage peut également se faire de manière artistique.

De l'automobile

Le paradoxe de l'automobile:
l'acheter et ne pas s'en servir!

L'automobile est un des objets les plus emblématiques de nos sociétés industrielles et de la consommation de masse. Mais elle est aussi emblématique de nos contradictions et de nos errements politiques.

Le paradoxe de l'automobile est une des manifestations les plus caractéristiques de l'inconséquence politique de ces trente dernières années qui prend un tour encore plus ubuesque actuellement avec la crise économique et financière mondiale où l'industrie automobile a été, est ou sera en péril partout dans le monde (c'était, par exemple, General Motors et Chrysler en 2009, c'est Peugeot aujourd'hui) et où tous les gouvernements ont mis en place, à un moment ou à un autre, un plan de soutien et de relance du secteur. Ce paradoxe peut se résumer à cette

formule: «Pour être un bon citoyen, il faut acheter une voiture mais ne pas s'en servir»!
Détaillons.

Tout citoyen responsable se doit d'acheter une voiture afin de faire fonctionner les usines et de donner du travail aux ouvriers, puis de donner du travail aux vendeurs de voitures, aux réparateurs de voitures, aux pompistes, aux employés d'autoroutes et à un certain nombre de «parasites» automobilistiques comme les contractuels, les employés des fourrières et les poseurs de pub sur les pare-brises. Cependant, une fois que notre citoyen responsable a acquis sa voiture, il doit louer ou, mieux, acheter une place de parking pour y mettre son nouveau bien et ne jamais s'en servir pour aller au boulot, pour emmener les enfants en classe, pour partir en vacances ou pour faire ses courses afin d'éviter les embouteillages qui paralysent le pays et qui polluent énormément, sans parler des nuisances sonores.

D'autant qu'il fera des économies d'énergie ce qui permettra de ne pas plomber la balance des paiements et qu'il ne creusera pas le trou de la sécurité sociale en causant des accidents de la route (et même qu'il n'abîmera pas les revêtements des routes qui dureront plus longtemps). Il ne faut pas qu'il oublie, malgré tout, de prendre une assurance, même si sa voiture ne roule pas, afin de ne pas précipiter la faillite de toutes les grandes compagnies d'assurance et qu'il continue à acheter des revues automobiles. De temps en temps, il aura la bonne idée de siphonner son réservoir (mais pas de mettre en route son moteur, respect de l'environnement oblige) afin d'aller chercher de l'essence en transport en commun muni de jerricans. De temps en temps, également, il poussera sa voiture pour la garer sur des emplacements payants, voire même interdits afin de participer au budget de sa commune et ne pas envoyer les employés de la fourrière au chômage (ainsi que ceux des entreprises privées de dépannages qui participent à l'enlèvement des véhicules). Et il ne faut pas qu'il oublie de changer sa voiture tous les deux ans afin de faire fonctionner les usines et patati patata.

Enfin, on ne saurait trop conseiller à ce bon citoyen responsable d'acheter une deuxième voiture pour sa femme, une troisième pour sa fille et une quatrième pour son fils pour résoudre le chômage. Et autant de places de parking pour résoudre ou éviter une crise de l'immobilier ou du bâtiment. Mais peut-être pas autant de jerricans car ceux-ci sont sans doute «Made in China»...

Quel que soit le comique de la situation, c'est drôle à en pleurer! Le paradoxe de l'automobile constitue ainsi un des meilleurs exemples des dysfonctionnements de nos sociétés à tous les niveaux mais surtout de l'Etat. Car, celui-ci, incapable de se projeter dans l'avenir fonctionne exclusivement ou presque à court terme. L'appareil politique, lui, incapable de prendre ses responsabilités prend à la place des décisions incohérentes et totalement contradictoires souvent pour se faire réélire mais aussi par une absence complète d'une vision responsable des défis qui se posent à la société.

D'un côté, il faut faire exister un secteur économique, voire même l'aider comme c'est le cas actuellement, tout en demandant au citoyen de participer à ce «civisme» (remplacer sa vieille voiture grâce à une prime à la casse, par exemple, ou acheter une voiture électrique avec une prime écologique sachant que l'on ne sait absolument pas ce que l'on fera de toutes les batteries usagées dont les composants sont souvent très polluants) et en l'encourageant, ensuite, à ne pas se servir de l'automobile qu'il vient d'acquérir au nom d'un autre «civisme».

Mais le bon citoyen, lui aussi, participe de ce paradoxe en élisant ce même personnel politique irresponsable, en achetant des voitures tout en se disant très concerné par les problèmes de pollution et de réchauffement de la planète tout en fustigeant les méchants industriels qui lui permettent de polluer sans grands états d'âme en ayant trouver des boucs émissaires…
Et à chaque fois où l'on devrait enfin pouvoir dire «la voiture est morte, vive la voiture!» en décidant de laisser mourir cette vieille automobile polluante grâce aux différentes crises qui surviennent partout dans le monde à périodes répétées, ne voilà-t-il pas que tous les gouvernements du

monde viennent systématiquement au secours de la vieille automobile au lieu de permettre à cette nouvelle automobile de naître. Partout on subventionne directement ou indirectement les constructeurs automobiles qui n'ont pas su ou voulu s'adapter, partout on établit des primes à la casse pour déresponsabiliser le citoyen qui n'en a guère besoin, partout de Pékin à Paris, de Washington à New Delhi.

L'être humain, individuellement et collectivement, a toujours eu du mal à bâtir du durable. De même, il a pratiquement toujours était incapable de s'adapter à l'avenir en douceur estimant que ce qui ne relevait pas du jour même pouvait attendre le lendemain même si celui-ci était trop éloigné et qu'il serait trop tard. Bien sûr, de l'autre côté, il y a toujours eu des oiseaux de malheur pour surfer sur les angoisses collectives et pour prédire la fin du monde qui, pour autant que nous puissions le juger, n'est pas encore arrivée malgré tous les faire-part de décès qui nous ont été adressés au fil des siècles.

Reste que le «paradoxe de l'automobile » a un dindon de la farce, l'automobiliste. Sans être pour le moins du monde populiste, remarquons que le citoyen conducteur (le «citoyen vache à lait» diraient certains) est le seul à payer tout le temps: en achetant la voiture; en payant des impôts qui se transformeront en aides et subventions publiques; en payant son essence, son assurance, ses contrôles techniques, le remplacement des pièces défectueuses, les révisions, le dépannage en cas de panne; en s'acquittant des péages d'autoroutes, des stationnements payants, des amendes de toutes sortes et ainsi de suite. Sans oublier, par exemple, les impôts qui payent les hôpitaux publics où on se fait soigner après un accident de la route. Et en retour, on lui explique qu'il est un mauvais citoyen qui est en train de détruire la planète!

Il y aurait un bon côté si le «paradoxe de l'automobile» avait permis à la société d'apprendre une bonne leçon. Malheureusement, les politiques, les industriels et les citoyens sont toujours aussi irresponsables devant les défis du présent et du futur. Dès lors, il n'est pas un phénomène exceptionnel mais bien le fonctionnement «normal» de nos sociétés. Et là, nous avons de quoi être inquiets pour notre avenir!

De la France

Il n'y a pas deux France mais de multiples

La France d'en-haut et celle d'en-bas, celle des métropoles et celle de la périphérie, celle des riches et des pauvres, des diplômés de l'enseignement supérieur et de l'échec scolaire, celle des élus et des électeurs, et l'on pourrait continuer, sans bien sûr oublier celle des élites et celle du peuple, nos «experts», nos «commentateurs» et nos «intellectuels» médiatiques ont trouvé le bon filon pour délivrer une pensée binaire, évidemment caricaturale et pauvre mais, pire, fausse qui leur permet de parader avec, en poche, leur kit prêt à l'emploi de réponses basique et parfois d'une inconsistance abyssale afin de pouvoir «réconcilier» ces deux France ou d'expliquer que cette dernière n'est pas possible et qu'il faut se préparer à la révolution – «nationale» pour certains, «prolétarienne» pour d'autres – si tendre à leurs fantasmes.

Faire rentrer les gens dans des cases a toujours été l'objectif de ceux qui en simplifiant à l'extrême se parent d'une explication soi-disant simple mais en réalité simpliste qui permet la posture du «je-sais-tout» et «j'ai-tout-compris». Mais, pour l'esprit libre, il faut toujours refuser ces cases où l'on enferme le gens parce qu'ils sont le lieu et la pensée de la reconnaissance de l'individualité irréductible de chaque individu, cette différence ontologique qui est notre plus grand bien et qui n'est pas soluble dans de sommaires cases grossières et des théories manichéennes. Chaque personne (au sens du personnalisme) est un individu-monde et l'on peut prétendre sans se tromper qu'il y en a plus de 67 millions de ces mondes en France…

Bien entendu, il ne s'agit pas de nier la science politique, la sociologie ou l'anthropologie, ni même leur volonté de créer des groupes distinctifs dans la population à partir de certains critères. Mais ce sont des outils qui permettent de comprendre des phénomènes et des situations, pas de faire des raccourcis aussi peu scientifiques que grandement dangereux car permettant de créer des oppositions exacerbées entre des groupes aux contours aussi larges que grossiers.

Ce fut l'un des pêchers de Marx et cela reste celui du marxisme de s'y adonner avec les classes sociales qui permettaient et permettent toujours à certains de vous mettre dans l'une ou l'autre alors même que les situations de ceux qui se trouvent regroupés dans telle ou telle, sont disparates et ne représentent ni des comportements sociaux, ni des aspirations existentielles, ni des manières de vivre identiques. En réalité, cette présentation dichotomique permet de créer de la tension, d'attiser les haines et de provoquer des chocs frontaux parfois paroxystiques. C'est si vrai que les promoteurs de ces théories binaires sont souvent des militants politiques qui veulent démontrer la pertinence de leurs idéologies (et la validité de leurs pratiques clientélistes) plutôt que de relater des faits issus d'une réelle recherche scientifique.

Dans nos sociétés modernes qui voient la montée de l'autonomisation égocentrique assistée irresponsable irrespectueuse insatisfaite de l'individu, celle qui est une menace pour la démocratie républicaine (et non l'individualisme dont elle n'est qu'une perversion), réduire ce maelström presque infini de différenciations et de demande de leurs reconnaissances à une variable booléenne, ressemble à des élucubrations idéologiques et à de la supercherie. Mais elle est tellement reposante sur le plan intellectuel que nous n'avons malheureusement pas fini de nous la voir rabâcher à longueur de journées.

In fine, soit la France est soit une, c'est-à-dire que dans sa diversité, elle fait société et crée cette communauté d'intérêt et de sécurité où l'on partage des valeurs basiques et un lien social (cette «fiction» permet le vivre ensemble), soit elle est décomposée en autant d'habitants qu'il y en a sur son territoire. Mais elle n'est jamais deux.

De la transmission du savoir

Ici je veux utiliser ce beau mot «enseigner», qui signifie, à la fois, transmettre un savoir mais aussi le faire comprendre et permettre de l'assimiler afin de former et d'épanouir la personnalité d'une personne plutôt que celui d'«éduquer» qui renvoie à une action bien moins libérale et beaucoup plus directive qui est d'inculquer par la discipline un savoir et des règles de comportement. Parce que dans l'enseignement est contenu cette volonté de hisser l'individu grâce à ses qualités et par la méritocratie dans le cadre d'une transmission du savoir, d'en faire un acteur de sa propre vie et de celle de la communauté dans laquelle il vit et non d'en faire un simple sujet passif d'un Etat-Léviathan qui obéit à des règles sans en reconnaitre même la légitimité ou la seule utilité.

A ceux qui pourraient penser que la distinction que je fais entre enseigner et éduquer, est en réalité celle entre laxisme et discipline et que seule cette dernière est à même d'apprendre les règles du vivre ensemble dans un monde dur, sans concession où le contrôle social est une nécessité, je répondrai que bien enseigner ces règles en les légitimant dans une vision humaniste ferait cent fois plus de bien que de les faire apprendre aveuglément et de force sans qu'elles soient réellement intériorisées comme justifiées par l'individu qui n'aura de cesse alors de s'en affranchir. Et de leur rappeler qu'une des missions des parents, un de leurs devoirs – car oui les parents ont des devoir envers leurs enfants – est de leur apprendre les règles du bien vivre ensemble qui reposent sur le respect de tous envers tous et la dignité humaine. Quand les parents sont défaillants dans cet apprentissage, ils ne peuvent décemment s'en prendre à l'école dont le but premier est la transmission du savoir, même ci celle-ci passe, évidemment, par la connaissance de ces règles précitées.

Mais le savoir vient aussi de la sphère dite de «l'information», du secteur de la presse ou des médias, information délivrée par des journalistes qui, par leur travail, transmettent un savoir et délivrent un enseignement (en tout cas dans le domaine de l'information citoyenne qui recouvre la politique, l'économie, le social, le sociétal, la science et la technique, la culture).

De l'Europe

La Nouvelle Frontière de l'Europe

Aux citoyens d'Europe,

Au moment où le monde se transforme radicalement.
Au moment où les pays européens se trouvent de plus en plus marginalisés dans la mondialisation.
Au moment où nous risquons de perdre tout ce pourquoi nous nous sommes battus et qui fait notre fierté.
Au moment où nous devons porter haut et fort les valeurs d'un continent berceau de la démocratie et des droits de l'homme.
Au moment où l'espoir formidable suscité et porté par la construction européenne se délite petit à petit par le renoncement face à l'effort à accomplir et par le manque d'ambition.

Ayons l'envie d'une Europe rêvée par les peuples qui la composent.
Ayons l'envie de Nouvelles Frontières.

Ayons l'envie d'une conquête de nouveaux territoires de liberté, de prospérité et de paix, gages d'un avenir meilleur.
Ayons l'envie de défricher et d'ensemencer ces nouveaux territoires pour en récolter les fruits délicieux.

Ayons le désir d'Europe.
Ayons le courage de la bâtir.

Ne soyons pas frileux. Partons à la Conquête de l'Avenir, repoussons nos frontières politiques et nationalistes étriquées, investissons les contrées de notre futur commun.

Une Conquête de l'Avenir qui nous permettra de devenir le phare du monde entier tout en faisant des peuples de l'Europe aux traditions multiples, un peuple unique dans la diversité. Chaque peuple constituant cette grande communauté européenne apportera ses spécificités identitaires et culturelles qui feront la richesse de cette Culture Européenne que nous édifions sans relâche, pierre par pierre, depuis la Grèce et Rome, depuis le Moyen-âge.

Aujourd'hui, nous devons édifier une grande fédération européenne afin de faire naître une communauté véritable melting-pot de tous les Européens.

Ces Nouvelles Frontières de l'Europe nous amèneront à bâtir un nouvel avenir commun de liberté, de prospérité, de solidarité, de tolérance et de paix.

Oui, la construction de l'Europe doit devenir pour nous autres Européens, cette Conquête de l'Avenir qui nous permettra de bâtir la Nouvelle Société européenne en établissant de Nouvelles Frontières politiques pour unir et réunir les Européens.

Voilà une grande tâche exaltante à la mesure du défi pour un avenir meilleur qui se propose à nous, citoyens de ce continent, si nous ne voulons pas devenir les habitants de pays de seconde zone ou, pire, sinistrés mais si nous souhaitons édifier le Nouveau Monde de demain et en être les acteurs principaux.

Ce n'est qu'en relevant le défi d'une tâche aussi élevée et porteuse de rêve, à la mesure de la civilisation européenne et du développement économique, social et culturel de l'Europe, que nous parviendrons enfin à prendre conscience que notre avenir ne peut être que dans une Europe unie et fédérale.

Oui, l'Europe se construira grâce à l'émergence d'un peuple européen, un peuple qui sera la réunion de plusieurs communautés distinctes, chacune amenant comme dot son identité propre et sa propre culture, des communautés qui garderont leurs spécificités tout en se fondant dans une plus large communauté qui les fédèrera.

Cette Europe qui recèle tant de talents et de potentialités, capable de réaliser, unie, ce que la Chine a fait lors des trois dernières décennies mais dans le cadre d'une liberté démocratique, apanage de sa culture.

Et, comme aux Etats-Unis, la réunion de ces identités et de ces cultures européennes créera une nouvelle identité et une nouvelle culture propre à l'Europe qui deviendra le cadre dans lequel s'assimileront tous les peuples comme ce fut le cas en Amérique pour les immigrants qui posaient le pied sur le sol de ce Nouveau Monde sous le regard fier et bienveillant de la Statue de la Liberté.

Alors, nous verrons flotter dans toute sa splendeur l'étendard de cette Nouvelle Europe qui apportera la paix mondiale et qui sera le moteur de l'unification de tous les peuples de la Terre.

Oui, c'est ce Nouveau Monde que nous avons à édifier et dont l'Europe sera la fondation.

Ayons le courage d'Europe!
Retroussons-nous les manches!

De la mondialisation

Mondialisation: le «mieux» et le «plus» vont nécessairement ensemble

Plus de mondialisation et une meilleure mondialisation ne sont pas antinomiques, au contraire, cela va de pair. De nombreux commentateurs et politiques affirment qu'une meilleure mondialisation passe par moins de mondialisation, par cette capacité que l'on redonnerait aux Etats, aux nations et aux cultures locales de peser sur le global voire de se protéger des «mauvaises» intrusions du village global dans leur sphère de compétences.

Or, rien n'est moins vrai. Ce n'est pas parce que l'on va redonner du pouvoir au national que le mondial s'en trouvera meilleur. Aurait-on oublié les ravages d'un monde divisé? Aurait-on oublié que l'union de l'Europe, une mini-mondialisation, a éloigné le spectre de la guerre fratricide entre peuples du Vieux continent? Aurait-on oublié que la mondialisation a ouvert des espaces de coopération et de compréhension entre les hommes et les femmes à travers la planète? Aurait-on oublié tous ceux qui sont sortis de la pauvreté grâce à la globalisation de l'économie? Et ce ne sont que quelques exemples.

C'est plutôt en transférant plus de pouvoir au mondial, à une gouvernance mondiale, que l'on va pouvoir mieux organiser le monde, que l'on va pouvoir édicter de meilleures régulations afin d'organiser la mondialisation, que l'on va empêcher la machine à broyer de l'humain et à opposer les cultures de poursuivre impunément son œuvre et à s'appuyer sur le phénomène de la mondialisation pour s'en servir à des fins qui n'ont rien à voir avec la construction d'une vraie communauté mondiale. Les êtres humains ont toujours été plus forts et plus civilisés en s'unissant et en s'organisant pour préserver la liberté dans la solidarité. Ce qui s'est passé dans les communautés locales, dans les communautés nationales, se passera de même dans la communauté mondiale en cours d'édification.

Organiser la sphère mondiale au profit de l'humain en la développant, voilà le vrai challenge de l'humanité et non de se recroqueviller dans des communautés morcelées aux attitudes protectionnistes qui se font face, se regardent en chien de faïence, s'opposent et, parfois, s'entretuent dans des bains de sang. En matière de mondialisation, le mieux va obligatoirement de pair avec le plus. D'autant que moins de mondialisation ne donnera pas plus de force aux cultures locales. C'est en faisant émerger des individus culturellement métissés, capables, chacun d'eux, de créer leur propre culture, que l'on multipliera à l'infini la diversité culturelle et à la perpétuer, que l'on fera en sorte que chaque individu soit capable, librement, de respecter la culture de l'autre, de la partager et de l'enrichir, donc de respecter l'autre, sa dignité et son individualité.

La mondialisation, ce n'est pas seulement la libération des marchés financiers mais c'est aussi un phénomène qui englobe le politique, l'économique, le financier, le social et le culturel. Plus on mondialisera, plus on globalisera, plus on régulera au niveau mondial, plus on organisera, plus on adoptera de règles au niveau international, plus on obtiendra un consensus au niveau mondial, plus la mondialisation et la globalisation seront meilleures.

Ne laissons pas passer cette chance de construire la vraie mondialisation, qu'elle soit économique, financière, politique, culturelle, sportive, artistique, etc. afin qu'elle irrigue dans sa diversité d'appréhension par chacun de nous un monde de plus en plus large et à la culture de plus en plus profonde et aux solidarités de plus en plus fortes. Un monde de paix, de partage, capable d'apporter la vie bonne aux quatre coins de la planète.

C'est sans doute cela la véritable utopie qui est devant nous, celle qui peut mobiliser les peuples à l'avenir actuel incertain et aux angoisses existentielles d'une possible finitude proche que nous rabâchent les prophètes de malheur et les ennemis du progrès, le vrai, celui qui apporte le bien être et qui lutte contre tout ce qui empêche l'être humain d'en profiter.

Les nécessaires innovation et mondialisation pour relever les défis du XXI° siècle

Nous voilà au début de ce XXI° siècle qui suscita tant de fantasmes, d'angoisses mais aussi d'espoirs dans les générations précédentes. Et pourtant, notre monde n'a guère changé par rapport au «vieux» XX° siècle que nous pensons avoir définitivement laissé derrière nous avec ses formidables avancées technologiques et économiques mais également avec ses terribles et sans précédent accès de barbarie ... Il faut dire que dans la plupart des pays du monde, le «XXI° siècle» ne veut rien dire, si ce n'est que l'Occident est passé d'un millénaire à l'autre parce qu'il se base sur un calendrier spécifique (avec comme point de départ la naissance de Jésus) dont, de surcroît, le calcul est erroné... Ceci pour rappeler que ce XXI° siècle est, bien évidemment, le fils naturel du XX° et que les questions qui se posaient «à cette époque» demeurent toujours d'actualité. Il n'y a pas eu de mur de séparation entre un «avant» et un «après» avec un an 2000 où, reprenant la vision idéaliste de certains romanciers de science fiction des deux siècles précédents, nous aurions pénétrés dans un monde de paix, de progrès infini, d'abondance et de bonheur où nous voyageons tous dans des voitures volantes et avons une résidence secondaire sur la Lune!

Et pourtant, il est vrai, qu'en dehors des symboles, nous sommes sans doute entrés voici quelques décennies dans une nouvelle ère caractérisée par l'explosion des technologies de l'information et une accélération vertigineuse des échanges et des interactions internationaux. Ce qui n'est pas sans conséquence sur notre existence et notre place sur cette planète. Ainsi de nombreux «mondes» cohabitent, des civilisations se côtoient et se mélangent (grâce aux moyens de transport et d'informations ainsi qu'aux images). Paradoxalement ces univers semblent, dans le même temps, s'éloigner de plus en plus quant à leur niveau de développement (certains humains, les plus nombreux, sont dans un dénuement presque total où seule la question de la survie quotidienne a un sens, d'autres se trouvent dans une abondance et dans des questionnements métaphysiques et psychologiques de la «post-modernité» voire de «l'hyper-modernité»...) même si une frange nombreuse issue de pays asiatiques, de pays européens ex-communistes et de pays sud-américains, rejoint à pas de géant le niveau de vie des populations des pays occidentaux. L'existence de ce paradoxe demeure malgré l'émergence depuis 60 ans d'une «culture mondiale» dont les référents seraient les baskets, les sodas gazeux et les films de Hollywood où les particularismes locaux ne se contentent plus de les assimiler mais les détournent désormais pour en faire souvent des moyens de combat contre un «impérialisme vécu» (mais pas toujours démontrable) de l'Occident et, en particulier, des Etats-Unis d'Amérique.

De fait, l'économie se mondialise de plus en plus et les pays d'Europe, pris chacun individuellement, compte de moins en moins dans le «concert des nations», remplacés par d'autres comme la Chine mais aussi, à degré moindre, l'Inde, qui deviennent rapidement de vraies puissances économiques et politiques à part entière, même si de nombreux experts estiment que la «bulle chinoise» pourrait crever incessamment sous peu et que le miracle indien n'est peut-être pas aussi fantastique. Reste que, de toute manière, les accidents de parcours ne remettront pas en cause le développement à long terme de ces pays. Avec des problèmes cruciaux qui dépassent les simples délocalisations (ainsi que la «fin du modèle social européen») et qui peuvent se résumer par cette expression familière «il n'y en aura pas pour tout le monde». En effet, un des défis auxquels la planète devra faire face dans peu de temps concerne la répartition des matières premières et donc de la richesse. Si la croissance chinoise et indienne demeure soutenue, les experts estiment que, dans les années à venir, la production pétrolière suffira tout juste à étancher la soif d'or noir des Etats-Unis, de la Chine et de l'Inde (sans parler de l'acier, du charbon, etc.).

Quid des autres pays?! Comment ferons-nous si, entre temps, nous n'avons pas trouvé des gisements importants et des moyens de les exploiter rapidement? Comment ferons-nous si nous n'avons pas inventé de vraies énergies de substitution, si nous n'avons pas développé celles qui existent déjà comme les biocarburants, comme le gaz liquéfié? Comment ferons-nous si nous ne parvenons pas à fusionner les atomes d'hydrogène comme le laisse espérer le projet Iter (International thermonuclear experimental reactor)? Comment ferons-nous si nous ne nous décidons pas à revoir certains de nos modes de consommation, si nous ne produisons pas des biens moins «gourmands» d'or noir comme la voiture hybride mi-essence mi- électricité qui existe déjà? Serons-nous obligés, nous autres Européens, d'aller nous servir de force (ou de tenter de le faire)? Tout comme les autres pays et continents? Ce service par la force s'appelle la guerre. Il faut en être conscient pour ne pas se retrouver demain sans autre alternative...

Une guerre qui pourrait éclater pour de multiples autres motifs. Un des plus évidents est l'eau potable. Dans peu de temps, les Etats-Unis - comme de nombreux autres pays - vont manquer d'eau. Au lieu de s'en inquiéter outre mesure, les autorités politiques américaines lorgnent déjà sur les réserves quasi-inépuisables du voisin canadien en l'appelant à une «solidarité» qui ressemble beaucoup à une injonction... Celui-ci a déjà prévenu qu'il ne saurait être pillé de son or bleu sans réagir. Mais que vaut la puissance armée du Canada devant celle des Etats-Unis dans une question aussi essentielle qu'est l'approvisionnement en eau potable. Sans eau, pas de vie… Espérons que nous serons capables de nous entendre et que de nouvelles avancées technologiques nous permettront, d'économiser l'eau, de désaliniser l'eau de mer et de dépolluer l'eau des lacs et des rivières ainsi que des nappes phréatiques à des coûts acceptables (car toutes ces techniques existent déjà). Sur une planète où la surface est constituée à 70 % d'eau (dont malheureusement près de 98 % est de l'eau de mer), il serait absurde de mourir de soif. Et, pourtant, c'est une réalité quotidienne dans de nombreux pays pauvres…

Une guerre n'est pas inévitable, heureusement. Le génie créateur des êtres humains et un certain instinct de préservation peut l'éviter. Pour cela, il nous faut créer des interdépendances internationales et des relations de plus en plus étroites entre tous les peuples du monde. Pour cela, nous possédons un modèle: l'Union européenne. Car, quels que soient ses manquements, l'Europe unie a su démontrer, ad minima, que l'on pouvait s'entendre entre anciens ennemis afin de bâtir un avenir commun dans la paix et la coopération. Et c'est déjà énorme. Si les Etats-Unis veulent l'eau du Canada, pourquoi ne pas partager ce qu'ils ont et que le Canada n'a pas? De même, pour le pétrole, entre l'Union européenne et la Russie. On peut décider en commun une répartition en même temps que des programmes ambitieux de substitution avec, concomitamment, des plans de réduction de la consommation au niveau mondial.

De toute façon, il faudra bien s'entendre pour éviter une catastrophe environnementale qui menace la planète tout entière. Et le plus tôt sera le mieux. Même si le pire n'est pas toujours sûr, nous devons prendre des mesures au niveau mondial afin de remettre en état l'écosystème mondial. Un écosystème peut-être pas aussi malade que veulent le faire croire des oiseaux de mauvais augure toujours prêts à jouer au catastrophisme mais, tout de même, bien mal en point. Il ne faudrait surtout pas s'en remettre au destin salvateur et en la croyance de la toute puissance de la race humaine pour relativiser la situation. L'histoire nous enseigne que des civilisations évoluées et brillantes ont disparu faute d'avoir réussi à gérer leurs ressources naturelles déclinantes et à prendre les bonnes décisions au bon moment. Un problème qui ne se réglera qu'avec l'accord et la participation de tous les peuples au XXI° siècle.

On voit bien que tout devient interdépendant au niveau mondial. Dès lors, il faut vite accélérer la mondialisation en lui donnant ce caractère politique qu'elle n'a pas ou, en tout cas, pas assez aujourd'hui. D'autant que d'autres menaces planent sur nos têtes comme des épidémies mondiales ou des dérives totalitaires dangereuses pour une paix toujours fragile.

Le principal défi du XXI° siècle sera bien cette mondialisation politique et économique. Et cette mondialisation, il faut l'affirmer haut et fort, est une chance unique pour l'humanité tout entière afin de la sauver et de la projeter dans un monde de paix et de bien-être. Un monde où l'on pourra traiter la pauvreté mais aussi le chômage, la violence, les questions concernant la protection sociale et tous les problèmes qui assaillent chacun des pays de la planète. Vaste programme si l'on veut bien se rappeler que les humains ont consacré plus de jours à la guerre qu'à la paix dans leur histoire et que la majeure partie de ces humains vit encore dans des conditions extrêmement précaires avec une pauvreté qui, loin de s'éradiquer, croît même dans les pays développés où le pourcentage de ceux qui glissent dans l'extrême précarité augmente chaque année.

Une mondialisation, d'autre part, qui ne doit et ne peut pas faire peur aux Français qui en bénéficient tous les jours même si les médias et les contempteurs d'une ouverture sur le monde tentent d'en démontrer les effets dévastateurs. La France est un des pays occidentaux les plus ouverts et les plus préparés à la compétition mondiale. Bien sûr, notre pays ne peut en rester à ce constat et un formidable défi l'attend dans les années à venir. Pour paraphraser Winston Churchill, du sang, de la sueur et des larmes seront au rendez-vous. Mais depuis quand les êtres humains n'ont plus à se battre pour assurer leur avenir et celui de leurs enfants? Depuis quand les situations acquises le demeurent pour l'éternité sans éveiller l'envie chez ceux qui sont en bas de l'échelle? Depuis quand, notre planète est devenue le Paradis? Il faut de la lucidité et du courage chez les politiques pour expliquer que tout se gagne, que tout s'est toujours gagné et que rien ne se garde sans effort.

Et ce défi ne sera relevé que par l'innovation. Car, notre avenir dépendra en tant que pays et continent développés et qui comptent passe en grande partie par notre capacité à demeurer dans le peloton de tête en matière intellectuelle et technologique, c'est-à-dire de notre capacité à créer et à innover. Car, quelle que soit la politique choisie en France et en Europe, celle-ci devra s'appuyer obligatoirement sur la nécessaire et incontournable innovation.

L'innovation représente à la fois un risque et l'indispensable ingrédient, non seulement, de la croissance économique mais aussi du progrès social ainsi que du développement d'une démocratie. En passant d'une économie de pénurie à une économie de croissance, en bâtissant une protection sociale de plus en plus sophistiquée, en réalisant une démocratie de plus en plus approfondie (toute société totalitaire voit d'un mauvais œil l'innovation, la création et la réforme), les pays développés se sont mis dans l'obligation d'innovation. Et la «globalisation» impose, dans un monde ouvert, interdépendant mais également en concurrence, cette incontournable innovation afin d'être en mesure de faire la course en tête, c'est-à-dire de pérenniser les acquis économiques, sociaux et politiques ainsi que de les dynamiser. Si ce n'est pas le cas, il faudra faire de douloureux ajustements…

Cette innovation demande, en matière économique, par exemple, la mise en place de centre de recherches, des incitations fiscales et des moyens pour la Recherche & Développement afin de développer de nouvelles technologies et les appliquer, une stratégie de rapprochement toujours plus grande entre l'industrie et l'université, la création de pôles d'innovation ou «clusters» où se retrouvent les chercheurs, les universitaires et les start-up développant les technologies d'avenir. Car, comme l'expliquait le rapport «Pour un écosystème de la croissance» publié dans la première décennie du XXI° siècle, l'alternative est simple: «Pour retrouver un avantage comparatif, notre économie a le choix: s'aligner sur le modèle asiatique ou faire le course en tête dans l'innovation». Et il ajoute: «Plus que les handicaps fréquemment invoqués sur le poids de la fiscalité ou les coûts de production, la perception d'une France trop peu compétitive repose avant tout sur son faible positionnement dans le domaine de l'innovation».

Une innovation que beaucoup de politiques semblent découvrir alors que l'économiste Joseph Schumpeter (1883-1950) avait déjà expliqué, il y a longtemps, la nécessaire revitalisation d'une économie de croissance par le processus de «destruction créatrice» qui veut que des activités anciennes disparaissent constamment pour laisser la place à de nouvelles. Et, dans la deuxième partie du XX° siècle, Jean-Jacques Servan-Schreiber écrivait déjà: «L'essor d'une économie moderne résulte essentiellement de son aptitude à créer l'innovation – à inventer sans cesse, par la recherche, des procédés moins coûteux, des produits plus adaptés, des réponses plus raffinées à des besoins diversifiés – puis à l'intégrer au processus de production».

Cependant, décréter l'innovation n'a de sens que si l'on met en place les outils nécessaires à sa réalisation. Et ceux-ci doivent concerner tous les secteurs de la vie économique, sociale et politique.

De réflexions en vrac

- L'Humain et l'Humanité, couple indissociable, mâle et femelle unis pour toujours.

- Le monde repose sur quatre piliers: les grandes permanences de la vie; l'héritage du passé; l'originalité du présent; la projection vers le futur.

- Toute idéologie qui nie l'individualité – la différence ontologique de chacun – est totalitaire.

- La démocratie est la loi du plus faible alors que tout totalitarisme ou autocratie est la loi du plus fort. Dans la première, c'est la protection du plus faible qui doit être la norme qui commande le respect de la dignité de tous. Dans les secondes, la norme est que le pouvoir ne sert que ceux qui l'occupent et l'ont souvent confisqué de manière violente.

- La paix ne fait la Une qu'après une guerre.

- Comment peut-il y avoir un Jésus et un Hitler?

- J'ai longtemps professé que les gens étaient responsables dans tous les pays, de ne pas avoir vu et compris ce que voulaient Hitler et les nazis. Je crois que la réalité est encore plus affreuse, plus intolérable: ils savaient, ils avaient compris mais ils n'ont rien fait.

- Maria Montessori avait tout a fait raison de dire que les enfants lui avaient prouvé qu'il n'existait qu'une seule Humanité.

- Je préfère l'ordre de la liberté à la liberté de l'ordre.

- L'argent ne peut acheter la morale.

- Bâtissez tous vos fantasmes sur la réalité mais, de grâce, ne bâtissez pas la réalité sur vos fantasmes.

- Les théories du complot sont elles-mêmes des complots.

- Il y en a qui doivent voir pour croire et d'autres qui doivent croire pour voir. Il y a ceux qui ne croient que ce qu'ils voient et ceux qui ne voient que ce qu'ils croient.

- Médias manipulables et manipulés mais trop souvent consentants.

- Le problème n'est pas que la presse ait déteint sur internet, dont ses réseaux sociaux, mais bien que ce soit le contraire.

- Il ne faut pas confondre le journalisme et les journalistes. Il ne faut pas confondre la liberté de la presse et ce qu'en font (certains) journalistes.

- Le but d'un autocrate ou d'un dictateur n'est pas d'être reconnu comme quelqu'un de bien ou de bon mais de grand. Et ce n'est pas l'idéologie qui le motive – elle ne lui sert qu'à légitimer son pouvoir – mais le pouvoir et tout ce qui va avec.

- Ce ne sont pas toujours les valeurs qui dictent nos comportements moraux mais nous avons bien des comportements moraux qui sont à la base de nos valeurs comme les scientifiques l'ont découvert et révélé et continuent à le faire d'études en études notamment sur les bébés et les jeunes enfants. Ainsi de cette empathie innée que nous avons en nous dès notre naissance et qui dicte nombre de nos réactions de solidarité et notre altruisme. Ainsi des coopérations que nous initions entre nous. Ainsi de nos capacités innées à distinguer le bien du mal. Ici Camus a raison contre Sartre.

- Une des choses les plus désespérantes, c'est que l'on éradiquera jamais définitivement la bêtise, celle des autres et la sienne. En même temps, seul Dieu, s'il existe, ne commet aucune bêtise. Quoique certains prétendront que d'avoir créé les humains en était une vraiment grosse!

- Ma plus grande frustration: mes incapacités.

- Vaut-il mieux organiser les imperfections et les défauts des humains plutôt que de rechercher une hypothétique perfection? En tout cas, partir du réel, de ce que l'on est, limite souvent les dérives de ceux qui cherchent à rendre les humains ce qu'ils ne seront jamais: des dieux sans défauts.

- Vaut-il mieux des abstentionnistes qui ne participent pas à la vie de la cité ou des électeurs qui votent n'importe quoi et pour n'importe qui? Le débat est ouvert.

- La médiété aristotélicienne est le contraire de la médiocrité moderne.

- Il y a certes des chiens dangereux mais il y a beaucoup plus de maîtres dangereux.

- Depuis toujours le sport (qui est une compétition) et plus particulièrement le sport spectacle (qu'il ne faut pas confondre avec l'exercice physique ou le jeu lui-même) qui sublime l'esprit de clocher et le chauvinisme, est une des premières écoles de l'irrespect. La mise en scène du sport se focalise sur un nationalisme – là où devrait être mis en avant l'universalisme – dont une des conséquences consiste à rejeter l'autre parce qu'il ne vient pas de sa communauté nationale ou locale sans autre critère de sélection. Ainsi se trouvent exclus des personnes uniquement parce qu'elles ne font pas partie de la bonne équipe et non pas par rapport à ce qu'elles sont. Seule la guerre entre nations agit de même...

- L'exercice physique n'est pas politique, le sport, oui. Cette organisation et cette codification de l'effort physique et de la pratique de cet effort a toujours été éminemment politique comme le prouvent les Jeux olympiques organisés du temps des Grecs. Toute organisation d'un événement sportif est politique.

- Ce n'est pas tout ce que j'aurais pu avoir qui me chagrine mais tout ce que j'aurais pu faire.

- Tout au long de nos journées, de notre travail, de nos trajets, etc., nous entrons constamment dans des mondes différents avec lesquels nous avons fugitivement ou entretenons de manière plus élaborée des relations qui, toutes, sont différentes les unes des autres. Nous passons d'un monde à l'autre, parfois dans des mondes que nous découvrons. Notre existence est une constante aventure dans des mondes différents.

- La différence entre une société en vie et une société mourante, c'est la fascination du futur pour la première et la fascination du passé pour la seconde.

- La nostalgie commence souvent dès que l'événement qui la suscite se termine quand elle ne débute pas quand celui-ci est encore en cours!

- Afin de garder encore un peu de foi dans l'humain, il est recommandé de ne jamais lire les commentaires sur internet d'articles ou d'événements. Avant, c'était d'écouter les discussions au comptoir des bars-tabacs…

- New York est une ville qui résonne.

- Les meilleures photos sont celles que l'on n'a pas faites, que l'on a manquées ou qui restent à faire.

- Ce ne sont pas de belles photos que je veux faire mais de bonnes.

- Comme Umberto Eco, je ne suis pas fasciné par les menteurs mais par ceux qui les croient.

- Jacques Ellul a raison quand il dit que, finalement, l'homme moderne a bien plus peur de la liberté authentique qu'il ne la désire.

- La démocratie est une espérance sur les humains, la dictature, une défiance.

- Je ne veux pas lutter contre le système, je veux être en dehors du système.

- Je me méfie du peuple, non pas parce que je suis élitiste mais parce que je suis démocrate.

- Si vous voulez que je m'agenouille devant quelqu'un, montrez-moi Dieu.

- Je n'ai pas de style et c'est tant mieux. Car, avoir un style, c'est s'enfermer dans une vision étriquée de soi-même. La question n'est pas, non plus, d'avoir tous les styles ou aucun style mais d'avoir le style qu'on veut quand on veut, c'est-à-dire d'être comme on veut, quand on veut tout en restant, et c'est cela l'important, soi-même.

- Ce que j'aime, c'est être là sans en être et sans y être tout en y étant.

- Souffle d'émotion, oui, j'adore le vent.

- Les sacs sont des créatures facétieuses en cachant la plupart des objets que nous y mettons…

- John Kennedy fut une icône, pas Lyndon Johnson. Lyndon Johnson fut un grand président, pas John Kennedy.

- Une ville est un être vivant qui dégage des émotions comme celles que je reçois et ressens de Paris et New York.

- Paris et New York sont les deux villes où je me suis senti chez moi immédiatement.

- La seule chose que je voudrais que l'on se rappelle de moi est: «il était un homme libre».

- Etre étranger dans sa propre ville, oui, c'est souvent une liberté délicieuse.

- Il y a des endroits d'où l'on s'en va et des endroits où l'on va. Il y a des villes de départ et des villes d'arrivée. Pour moi, Paris et New York font partie de ces dernières.

- J'ai voulu donner un sens à ma vie mais ce sens n'est-il pas tout simplement moi?

- Personne n'a la dimension d'être une star; tout le monde a la possibilité d'être une star; chacun a le droit d'être une star.

- Ce ne sont pas «les» Allemands, «les» Russes, «les» Japonais, «les» Chinois, «les» Américains, «les» Britanniques, «les» Français, «les» Espagnols, «les» Turcs, «les» Mongols et ainsi de suite, qui sont responsables des crimes et des génocides commis en leur nom au cours de l'Histoire mais des Allemands, des Russes, des

Japonais, des Chinois, des Américains, des Britanniques, des Français, des Espagnols, des Turcs, des Mongols et ainsi de suite. Et cela même si ces derniers étaient, non seulement très nombreux, mais même la majorité des populations de leurs pays respectifs. Quoiqu'il arrive, ils restent «des» et jamais «les», ce qui fait une énorme différence. A la rigueur, mais de manière toutefois quelque peu fallacieuse, on peut dire l'Allemagne, les Russes, les Japonais, les Chinois, etc. en tant, non pas que nations mais en tant qu'Etats, la nation regroupant tous ceux qui font partie de la communauté alors que l'Etat, en tant qu'organisation de pouvoir, possède, à la fois, une autonomie d'action vis-à-vis de la nation dans les faits – et peut même imposer son vouloir contre celle-ci à certaines occasions – et qui est dirigée par «des» et non «les».

- Comme il y a concurrence commerciale entre les médias – pour attirer le lecteur-auditeur-téléspectateur-internaute et, par conséquent les annonceurs et les investisseurs – il y aura toujours une course à l'information spectacle et au scoop, à la volonté de séduire son cœur de cible du mieux possible pour qu'il n'aille pas voir les concurrents directs, voire pour élargir sa clientèle notamment en séduisant les fidèles de ses concurrents. Rien qu'ici, on comprend aisément que l'information est déjà biaisée.

- En tant qu'être égal à n'importe quel autre, chacun de nous possède un droit de propriété inaliénable sur l'entière planète parce qu'il l'habite et que la nature ne fait aucune distinction sur l'endroit où il l'habite pour le déclarer copropriétaire de toute la Terre (et si l'on va au bout de ce raisonnement, ce «chacun de nous» englobe d'ailleurs chacun des membres de l'ensemble des espèces vivantes la peuplant). Nous sommes donc tous copropriétaires du monde avec les mêmes droits qui s'y attachent. On voit bien que cela soulève un nombre gigantesque des problématiques vertigineuses. Parce que notre droit ne peut jamais être bafoué même par une association de tous les autres terriens mais que nous ne pouvons prétendre, en retour, l'imposer à quiconque. Néanmoins, on peut affirmer que dans ce droit que personne ne peut supprimer, il y a le pouvoir de jouir de cette planète pour vivre libre, en paix, en sécurité et en utilisant les ressources de la Terre pour être en bonne santé. Cette base n'est pas discutable et est donc opposable à toute volonté de nous en priver. Toute limitation de celle-ci ne consacre que la loi du plus fort qui nie les efforts civilisationnels de l'espèce humaine.

- Les réseaux sociaux du web ne sont pas des incitateurs ou des facilitateurs de la haine mais seulement et tristement ses révélateurs médiatiques. Ils ne nous apprennent rien de la fange dans laquelle se meut une partie du genre humain depuis que notre espèce existe. Elle nous rappelle cruellement l'indignité de ces personnages et, pour ce qui est des trolls, des propagateurs de fake news et autres sbires propageant la violence verbale et appelant à la violence physique, de leurs commanditaires. Ceux qui sont surpris de tous ces comportements sont, soit des naïfs, soit des sots. Cependant, c'est bien sûr leur qualité d'outils médiatiques pour les haineux et autres adversaires de l'humanisme qui pose problème en tant qu'ils permettent à cette haine de se propager et de se déverser à une échelle planétaire à grande vitesse, sans quasiment aucune sanction pour leurs propagateurs et leurs propagandistes. En cela, les réseaux sociaux deviennent souvent les complices de cette haine et de cette violence, un outil favorisant les lâches qui peuvent agir anonymement et/ou sans risque.

- Quelles que soient les tragédies qui nous frappent, ici ou ailleurs, toujours nous reconstruirons.

- De l'important de «faire rien», d'être et rien d'autre à certains moments, couché sur un lit ou assis sur un banc ou allongé sur l'herbe ou se promenant sans but.

- Le problème de la crédibilité des médias vient moins qu'ils disent ou non la réalité mais dans la volonté de les croire ou non. Ainsi, la défiance ne vient pas principalement de leurs erreurs et de leurs fautes, de leurs idéologies partisanes qui modifient la réalité dans le sens qu'ils souhaitent mais bien dans l'adhésion du public à ce qu'ils disent, adhésion qui se fait pour chacun par rapport à ce qu'il croit et ce qu'il a envie de croire. Certains d'entre nous vont au-delà de la croyance mais ils sont minoritaires et doivent souvent se faire violence pour être dans la réalité et non dans le fantasme, dans la raison et non l'affectif.

- Dieu est mort parce que nous l'avons assassiné. Dès que nous l'avons découvert, nous l'avons tué, puis nous l'avons momifié et nous faisons croire que nous agissons en son nom. Oui, nous l'avons assassiné parce que, nous, ses créatures, nous ne respectons pas la vie qu'il a créée. Dieu, nous l'avons enseveli dans les fosses communes de nos massacres. L'hypocrisie humaine est là. Vive Dieu et tuons en son nom. Ce n'est pas un paradoxe, c'est une mystification.

- Le problème, ce ne sont pas nos émotions mais leur manipulation. Par les autres et, parfois, par nous-mêmes…

- Je voulais être la vie. La vie est exaltante, être la vie doit être exaltant. Tout vivre.

- «Rectifier les noms» n'est-il pas aussi une des missions essentielles du journalisme, c'est-à-dire de donner à voir la réalité derrière le voile où certains la cachent, derrière la fiction de la réalité créée par certains.

- L'injustice au quotidien, ces petites iniquités que nous vivons tous les jours, souvent minimes ou de peu de gravité, sont fréquemment très mal vécues et peuvent nous irriter, nous agacer, nous exaspérer et nous indigner. Elles participent également à la formation d'un «sentiment d'injustice» où se mêlent, dans une grande frustration, injustices réelles et fantasmes d'injustices. C'est pourquoi, il ne faut absolument pas négliger cette injustice ainsi que ce sentiment parce qu'ils peuvent produire, l'une et l'autre beaucoup de ravages, individuellement et collectivement, faire nombre de dégâts psychologiques, parfois importants.

- On peut voir le monde comme une suite successive de crises ou le voir comme une suite successive de progrès. En fait, ces deux visions, loin de s'exclure mutuellement, se complètent. Le monde est ainsi fait et, quoiqu'il arrive, il fonctionnera toujours de même.

- L'enfant respecté est celui qui s'appartient et n'appartient à personne d'autre.

- Redonner du sens à la politique, c'est se rappeler à quoi sert la politique, où l'on veut qu'elle nous emmène et pourquoi on veut y aller. Dans nos sociétés complexes, il est parfois difficile de faire le lien entre la politique menée et le but politique global.

- Les ambitions politiques sont saines quand elles sont réellement politiques.

- Paris, New York, deux villes, deux ambiances, deux univers uniques. Quand on est à Paris, on n'est nulle part ailleurs. Quand on est à New York, on n'est nulle part ailleurs.

- Les «jeunes» ne sont jamais une menace pour une société mais toujours un espoir. S'ils sont considérés comme un danger, alors la société est en sclérose avancée. Dans une communauté, l'équilibre se trouve entre l'«enthousiasme» de la jeunesse et la «sagesse» des plus âgés. Tout cela devant produire une sorte de «sagesse enthousiaste» ou d'«enthousiasme sage»…

- Cette feuille de papier si fragile sur laquelle nous couchons nos pensées, nous confions notre monde à soi, nous mettons l'univers entier cette compagne compatissante et exigeante.

- On est tous sur la route, sur la route de la vie. On est tous sur cette route où l'horizon se perd dans la profondeur du ciel.

- Quand un interviewé dit à un journaliste qu'il pose la bonne question, celui-ci doit immédiatement se demander s'il fait correctement son travail car sa mission n'est-elle pas toujours de poser la «mauvaise question»?

- Tous les jours devraient être la journée des droits de l'enfant et du respect de l'enfance.

- L'individu rassemble, la culture éloigne.

- Ne pas confondre vivre son art et vivre de son art. Pour le véritable artiste, il est d'abord primordial de vivre son art, de vivre l'art parce que pour l'artiste, le vrai, le monétaire est, au pire, un maître qui se substitue à la véritable création, au mieux, une aide matérielle qui ne donne jamais la valeur artistique de sa création. D'autant que pour vivre de son art, le talent sans la chance n'est pas suffisant.

- Respecter la nature, ce n'est pas seulement combattre la pollution, lutter contre le réchauffement climatique, protéger les animaux, etc., c'est également et avant tout une éthique, une reconnaissance du monde dans lequel nous vivons et que nous partageons avec d'autres. Celui qui laisse ses détritus n'importe où n'est pas seulement un pollueur, c'est quelqu'un qui ne respecte pas les autres et ne se respecte pas lui-même. Sans cette éthique écologique, tout effort sera vain ou très partiel.

- Pourquoi je me bats? Je me bats pour la dignité humaine, celle que l'on doit aux autres, celle à laquelle j'ai droit, sans oublier cette dignité que l'on doit avoir dans tout ce que nous faisons et qui doit nous accompagner notre vie durant. Si l'on doit respecter la dignité des autres, si l'on doit respecter ma dignité, alors on doit avoir de la dignité dans la vie, la dignité humaine, celle qui permet de respecter l'autre et de demander à être respecté. Voilà pourquoi je me bats.

Table des matières

TABLE DES MATIERES

TABLE DES MATIERES